介護職員初任者研修テキスト

第1分冊
理念と基本

公益財団法人 介護労働安定センター

このテキストで学習する方のために

1．はじめに

　わが国は、世界のどこの国も経験したことのない高齢社会に向かっています。このような社会的背景から介護サービスを必要とする人の増加が見込まれ、また介護サービスへのニーズも認知症ケア、医療的ケア、介護予防の推進など多様化・専門化してきています。このため、介護に関する高度な専門性を有する人材育成が急務となっています。

　本テキストは、２０１３年度からスタートした初任者研修のために編集したもので、指導要領に即した構成となっております。介護の専門家を目指す皆様が、初任者研修で介護の基本的な知識を学び、将来は、より高度な知識・技術を習得し、質の高い介護サービスを提供できる専門家として福祉の担い手となられることを願ってやみません。

公益財団法人　介護労働安定センター

2．作成の基本理念

(1)　在宅、施設の双方に共有できるような知識や介護技術を学べる内容としました。

(2)　介護分野に携わる人が初めて学ぶテキストとして、わかりやすく理解しやすくなるように、イラスト・図表・写真を配置しました。

(3)　「事例から考える」という観点で展開例を取り入れ、介護技術を実践的に学べるような内容としました。

(4)　学んだことを自己学習を通して整理できるように、各章の末尾に○×解答形式の「理解度確認テスト」を設けました。（「第１章」「第１０章」には設けておりません。）

(5)　継続的に学習する上で重要な事項を整理できるように、単元の末尾に「今後の学習のためのキーワード」を設けました。

(6)　厚生労働省の「介護員養成研修の取扱細則(介護職員初任者研修関係)」に則した内容・構成としました。（平成２４年３月２８日 厚生労働省老健局振興課通知）

(7)　「障害」を表現する用語として、「障がい・障碍」を用いる場合がありますが、本書では、法令との整合性を図る観点から「障害」を用語として用いることとしました。

3．その他

　今後、介護保険法の改正等の内容を含む補てん・追記があれば、（公財）介護労働安定センター　ホームページ（http://www.kaigo-center.or.jp）に随時掲載いたします。

4．介護職員初任者研修テキスト編集委員会委員（５０音順）

　　委員・・・是枝祥子（大妻女子大学名誉教授）

　　委員・・・鈴木眞理子（社会福祉法人奉優会理事）

　　委員・・・髙橋龍太郎（元東京都健康長寿医療センター研究所副所長）

　　事務局・・・（公財）介護労働安定センター　能力開発課

目次

第1章
職務の理解

第1節　介護職の仕事と働く現場の理解

1　多様な介護サービス

　　介護は、老齢や心身の障害などの原因により日常生活を営むことに支障がある人に対して、日常生活の動作、家事、健康管理、社会活動の援助などを行うことをいいます。
　　介護サービスのほとんどは介護保険制度によって支えられており、介護職の仕事内容・働く現場を把握するには、介護保険サービスの理解からはじめましょう。
　　ここでは、
　　①介護の意義と介護保険制度
　　②多様なサービスと介護職の仕事内容・働く現場
　　について理解してください。

Ⅰ　介護の意義と介護保険制度

1　介護の意義

　　人は、高齢者であっても障害者であっても、個人として尊重され自立した生活を送り、社会・文化などあらゆる活動に参加する権利があります。

　　「介護」は、老齢や心身の障害などの原因により日常生活を営むことに支障がある人に対して、日常生活の動作、家事、健康管理、社会活動の援助などを行うことをいいますが、生活の自立を支援し支障の重度化を防止することを通じ、その権利を実現するという積極的な役割があります。

　　介護のプロが行う介護サービスは、医療と同様、社会を支える重要な役割を担っており、介護を必要とする人に対する援助だけでなく、その家族の精神的・肉体的負担を軽減するという役割もあります。介護サービスが提供される場は、介護を必要とする人の居宅、特別養護老人ホームなどの高齢者施設、障害者のための施設などさまざまです。

　　介護サービスには専門的な知識が必要です。人に対するサービスなので、具体的な介護技術のほか、一定の職業倫理も求められるとともに、制度に対する理解も必要です。また、介護サービスを提供するためには、実際に介護にあたる介護福祉士はもちろん、ケアマネジャーや社会福祉士、機能訓練を担当する理学療法士、作業療法士、医療の面からの管理・指導を担当する医師や看護師などさまざまな職種が関係しています。これら他職種との連携は、良好なサービス提供には欠かせないばかりか、チームによるアプローチが前提となります。

2　介護保険制度の成立（⇒第２分冊第４章第１節１参照）

　介護は、かつて主に家族によって支えられてきました。特別養護老人ホームのような公的な介護サービスもありましたが、その費用は税金で賄われ、そこに入所して介護サービスを受けるためには、行政がその必要性があるかどうかの判断をして入所決定をする「措置」と呼ばれる方法がとられていました。

　しかしながら、就業構造の変化や価値観の多様化によって、家族に頼ることが難しくなり、それまで家族が担ってきた介護は社会全体で支えなければならなくなってきました（「介護の社会化」といいます）。また人口の高齢化が急速に進んだことにより、介護サービスを必要とする高齢者自体が急増し、家族の介護に頼ることができない高齢者が病院に長期入院し（社会的入院*）、医療費の増加を招く状況も進行してきました。

　＊社会的入院：医学的に入院の必要はなく、在宅療養が可能でありながら在宅でのケアの担い手がいないなどの理由から病院で入院生活を送っている状態

　このような課題を解決するため、高齢者の介護サービスを社会保険の仕組みによって提供する介護保険制度が、2000（平成12）年の介護保険法の施行によりスタートしました。

　この介護保険制度により、介護分野に民間事業者が参入して介護サービスの担い手が増えました。それとともに競争原理によってサービスの効率化や質の向上を図ることが期待でき、また介護サービスを必要とする人が行政の裁量によらずにサービスを受けやすくなり、そしてこれらの介護サービスの提供の仕組みを支える財源（介護保険料）を確保できることとなりました。

　介護のプロの行う高齢者の介護サービスのほとんどは、この介護保険制度によって支えられています

3　介護保険サービスのあらまし（⇒第２分冊第４章第１節２〜３参照）

(1)　介護保険制度の保険者と被保険者

　介護保険を運営する「保険者」は、市町村（特別区を含む）です。

　介護保険に加入する「被保険者」は、65歳以上の方（第１号被保険者）と40歳以上の医療保険加入者（第２号被保険者）であり、介護保険料を負担するとともに介護保険サービスを受けることができます。介護保険料は第１号被保険者の場合は一般的に年金からの天引き、第２号被保険者で雇用者の場合は医療保険料とともに給与からの天引きで負担します。介護保険サービスは、下記(2)の要介護認定または要支援認定を受けたときに受けることができますが、第２号被保険者の場合は16種類の特定疾病が原因の場合に限られます。

(2)　要介護認定・要支援認定

　介護保険サービスが必要となった被保険者は、市町村に申請すると訪問調査員が被保険者の自宅を訪問して、どの程度の介護サービスが必要かを基準に基づいて調査します。この調査結果に基づいて「要介護認定」が行われます。要介護度は最も重度の５から最も軽度の１までの５段階で認定されます。

　なお、まだ介護は必要ないけれども要介護状態にならないよう介護予防サービスが必要であるという場合は、要支援２または１の「要支援認定」がされます。

　これらの段階ごとに、受けることのできる介護保険サービスの内容や上限が決められています。

(3)　多様な介護保険サービス

「要介護（要支援）認定」を受けた被保険者が受けることのできる介護保険サービスは多様で、細かく分けると50種類以上になりますが（注）、次のように類型化できます。

　　（注）　現在運用されている介護保険サービスは、厚生労働省「介護事業所・生活関連情報検索」https://www.kaigokensaku.mhlw.go.jp/　によって検索することができます。

なお介護保険サービスを利用する被保険者のことを一般的に「利用者」といいます。

サービスの類型（*1）	概要
居宅　介護サービス(*2)	利用者が特別養護老人ホームなどの「介護保険施設」に入所することなく在宅のまま受けることのできる介護サービス
訪問系サービス	利用者の居宅を訪問して行われる介護サービス
通所系サービス	利用者が通って受ける介護サービス
短期入所系サービス	利用者が介護保険施設に一時入所して受ける介護サービス
多機能系サービス	利用者の「通い」や短期の「泊まり」、利用者の居宅への「訪問」を組み合わせて行われる介護サービス
居住系サービス	グループホームや有料老人ホームなどの居宅扱いの居住施設で行われる介護サービス
福祉用具サービス	利用者に対する福祉用具の貸与または販売
施設介護サービス(*3)	利用者が「介護保険施設」に入所して受ける介護サービス

　　(*1)　サービスの類型は法令上の正式名称ではなく通称です。

　　(*2)　介護保険法の「居宅サービス」「地域密着型サービス」「介護予防サービス」「地域密着型介護予防サービス」に該当します。

　　(*3)　介護保険法の「施設サービス」に該当します。

(4)　介護保険サービスの実施決定

　　利用者が在宅介護サービスを希望する場合、居宅介護支援事業所の「介護支援専門員（ケアマネジャー）」に相談します。その人に合った介護保険サービスの実施計画である「ケアプラン（居宅サービス計画）」の作成と、その介護保険サービスを実施する事業者等の手配をしてもらいます（注）。居宅介護支援事業所は、リストが市町村や地域包括支援センターにありますので、その中から利用者自身が選びます。

　　（注）　ただし、有料老人ホーム等の場合は、先に利用者自身で選んであとからケアプランを作ることが一般的です。

　　ケアプランは、介護サービスの内容や回数、提供する日時を示した計画書です。ケアマネジャーが原案を作成し、介護を受ける利用者本人や家族、介護サービスを提供する事業者等が集まって開く「サービス担当者会議」で決定します。その際には、利用者や家族の要望を反映しつつ、自立支援を図る観点からさまざまな調整が行われます。

　　一方利用者が施設介護サービスを希望する場合は、一般に、居宅介護支援事業所のケアマネジャーに「介護保険施設」（特別養護老人ホーム、介護老人保健施設、介護医療院）を紹介してもらうこともできます。一般に、利用者自身が介護保険施設を選んで直接入所申込みをします。ただし、一般的です。すぐには入所できず待機となる場合も多いので、事前に複数施設にかけもちで入所申込予約をすることも多いです。入所の決定は、各施設が一定の基準に従って入所判定会議で判断されます。施設介護サービスの場合の「ケアプラン（施設サービス計画）」は、その介護保険施設に所属するケアマネジャーが作成します。

II　多様な介護サービスと介護職の仕事内容・働く現場

1　在宅介護サービス

(1)　訪問介護

　　訪問系サービスには何種類かありますが、その代表が「訪問介護」です（注）。

　　（注）このほか、看護師が利用者の居宅を訪問して行う「訪問看護」や、利用者の居宅に持ち込んだ
　　　　バスタブなどで入浴介護を行う「訪問入浴介護」などいくつかのサービスがあります。

　　「訪問介護」は、訪問介護員（ホームヘルパー）が、利用者の居宅を訪問して、食事や入浴、排泄等の介護をはじめ、掃除・洗濯・調理等の家事など、日常生活に必要な世話を行うサービスです。要介護状態となっても、可能な限り居宅で過ごすことができるように援助をします。

　　このサービスは、①身体介護、②生活援助（いわゆる家事援助）に分けられます。

　　身体介護は、食事介助や排泄介助、入浴介助など、利用者の身体に触れて生活を援助することで、日常生活に必要な機能維持・向上のための移動介助・身体整容なども含まれます。

　　生活援助は、上記以外の、高齢者が一人暮らしの場合や、同居する家族等が行うことができない場合の掃除・洗濯・ベッドメイク・衣類の整理・被服の補修・一般的な調理・配下膳・買い物・薬の受け取り等などの援助です。本人以外の家族のための、調理や庭の草むしり、飼い犬の散歩等はサービス対象外となります。

　　訪問介護員は、「介護職員初任者研修」または「実務者研修（介護労働講習を含む)」を修了した者である必要があります（ただし、「生活援助従事者研修」修了者は、生活援助のみを行うことができます。)。訪問介護員は、フルタイム常勤の正社員やパート社員のほか、働きたい時間帯や曜日を登録しておいて仕事が入ったときに訪問先に直行直帰で勤務する登録ヘルパーという自由な働き方の形があります。

　　なお、訪問介護サービス全体が円滑に運営できるよう、利用者・訪問介護員・ケアマネジャーなどの間で各種の調整や支援を行う訪問介護事業所内の役職者を「サービス提供責任者」といいます。

> **私の体験**　C県　訪問介護事業所　訪問介護員　Yさん　45歳　女性　経験2年
>
> 　　訪問介護事業所から、月・水・金曜日にAさん宅を訪問して、食事づくりと掃除、洗濯などの生活援助を担当していた時、事業所のサービス提供責任者に呼ばれて、Aさんから「食事の味つけが濃いので、担当を交代して欲しい」との要望があったことを知らされました。研修では、訪問介護は利用者の生活や価値観を尊重し、衣服や食事の好みにまで気を配ることの必要性を学んでいたはずでしたが、訪問をはじめて数か月経つと、普段自宅で行っている家事という感覚で、結局は自分の好みで調理をしていたようです。
> 　　サービス提供責任者からは、雑巾ひとつ絞るときでも、台所の流しで絞ることに苦情が寄せられることがあり、洗面所で絞るのかどうかを確認するように言われました。改めて利用者の生活を尊重した生活援助の難しさを知ることができました。

(2)　通所介護（デイサービス）

　　通所系サービスには何種類かありますが、その代表が「通所介護」です（注）。

（注）このほか、認知症の利用者を専門的に対象とする「認知症対応型通所介護（認知症デイサービス）」や、医学的管理のもとでリハビリを行う「通所リハビリテーション（デイケア）」などがあります。

「通所介護」は一般的に「デイサービス」と呼ばれる介護保険サービスです。利用者が、デイサービスセンター等と呼ばれる通所介護事業所に送迎車などの送り迎えによって定期的に通い、レクリエーション、機能訓練、入浴サービスや食事の提供等を受けるものです。単独で設置されているものや、特別養護老人ホームに併設されているものなどがあります。通所系サービスは、利用者の自立支援、重度化防止、心身機能の維持などを図るほか、社会的な孤立を防ぐことも大きな役割となっています。

（3）　短期入所生活介護（ショートステイ）

短期入所系サービスには何種類かありますが、その代表が「短期入所生活介護」です（注）。

（注）このほか、介護保険老人施設、介護医療院等に短期間入所して看護や医学的管理のもので介護や生活上の世話を行う「短期入所療養介護」などがあります。

「短期入所生活介護」は一般的に「ショートステイ」と呼ばれる介護保険サービスです。特別養護老人ホームに短期間入所し、特別養護老人ホームの入所者と同様の入浴サービスや食事、排泄、その他日常生活上の世話のほか、機能訓練を受けることができます。

利用者本人が一時的に居宅での日常生活ができなくなったときや、在宅介護を支える家族が利用者に対する介護を一時的にできなくなった場合に利用されますが、家族に対して介護から離れる時間を提供し心と体を休めてもらう「レスパイト」のためにも利用されます。

（4）　小規模多機能型居宅介護

多機能系サービスには何種類かありますが、その代表が「小規模多機能型居宅介護」（略して「小多機」）です。

「小規模多機能型居宅介護」では、利用者の心身の状況や希望を踏まえて、「通い」（デイサービスに相当）を中心に、「訪問介護」や「泊まり」（ショートステイに相当）を組みあわせた介護サービスを提供します。

（5）　認知症対応型共同生活介護（グループホーム）

居住系サービスは、グループホームや有料老人ホームなどに入居して介護サービスを受けるものです。施設に入って介護サービスを受けるという点では、特別養護老人ホームなどの「介護保険施設」の施設介護サービスとかわりありません。ただし、グループホームや有料老人ホームなどは、介護保険法上では利用者の居宅として扱われ、その施設で行われる介護サービスは在宅介護サービスとして位置づけられています。

この居住系サービスとしては、「認知症対応型共同生活介護」と「特定施設入居者生活介護」があります。

「認知症対応型共同生活介護」は、「グループホーム」（認知症と診断された高齢者が少人数で職員の支援の下で共同生活を営む施設）において行われる介護サービスです。認知症高齢者ケアの経験や研究の結果、小規模で家庭的な環境でケアを行えば、穏やかな生活が送れることが明らかになっていることから設けられました。

提供されるサービスは、入居者の心身の状況に応じた援助となりますが、日常生活の充実につながるような配慮が必要ですので、食事やその他の家事については原則として入居者と職員が共同で行うほか、入居者の趣味や嗜好に対応することも求められます。

(6)　特定施設入居者生活介護（有料老人ホーム等）

「特定施設入居者生活介護」も居住系サービスのひとつです。

介護保険法では、①有料老人ホーム、②養護老人ホーム、③軽費老人ホームの３つの施設のいずれかであって自治体の指定を受けたものを「特定施設」といい、これらの特定施設が行う介護サービスを「特定施設入居者生活介護」といいます。「特定施設入居者生活介護」は、特定施設の職員自らが行う「一般型」と、特定施設が外部の介護サービス事業者に委託して行う「外部サービス利用型」があります。

①　有料老人ホーム

「有料老人ホーム」は、高齢者を入居させて生活支援等を行う老人福祉法に基づく施設であり、「介護付有料老人ホーム」「住宅型有料老人ホーム」「健康型有料老人ホーム」の３つの類型に分けられます。

「介護付有料老人ホーム」は、自治体から「特定施設」の指定を受けて「特定施設入居者生活介護」を行う有料老人ホームです。「住宅型有料老人ホーム」は、特定施設自体では介護サービスを提供しない有料老人ホームですが、入居者が個人ごとに外部介護サービス事業者と契約して、訪問介護やデイサービス等の介護サービスを受けることが多い実態があります。「健康型有料老人ホーム」は、食事等の生活援助のサービスを提供しますが、健康で自立して生活できる方が対象で、介護サービスが必要になった場合は契約を解除して退去しなければなりません。

> **（参考）サービス付き高齢者向け住宅**
> 「サービス付き高齢者向け住宅」（略して「サ高住」）は、「高齢者住まい法」に基づく高齢者の安否確認サービスまたは生活相談サービスを行う高齢者向けの賃貸住宅です。その多くは「住宅型有料老人ホーム」に該当します。

②　養護老人ホーム

「養護老人ホーム」は、生活困窮者などの環境上・経済的理由により居宅において養護を受けることが困難な老人を、市町村の措置によって入所させて養護等の援助を行う老人福祉法に基づく施設です。養護老人ホームの中には、自治体から「特定施設」の指定を受けて「特定施設入居者生活介護」を行うものがあります。

③　軽費老人ホーム

「軽費老人ホーム」は、無料または低額な料金の契約によって入所した老人に対して、食事の提供その他日常生活に必要な便宜を供与する老人福祉法に基づく施設です。運営の基準によって、A型、B型、C型（ケアハウス／一般型・介護型）がありますが、C型軽費老人ホーム（ケアハウス）の介護型は、自治体から「特定施設」の指定を受けて「特定施設入居者生活介護」を行うものです。

(7)　福祉用具サービス

「福祉用具サービス」は、都道府県の指定を受けた事業者が、利用者に対して「福祉用具」のうち厚生労働大臣が定めた車椅子などの用具を貸与したり、入浴または排せつの用などに供する貸与に適さない用具を販売するサービスです。

2　施設介護サービス

(1)　介護老人福祉施設（特別養護老人ホーム）

　「介護老人福祉施設」は介護保険法上の名称ですが、一般的には老人福祉法上の「特別養護老人ホーム」（略して「特養」）という名称で呼ばれます。

　原則として要介護度3以上の常時介護を必要とする利用者が自宅での生活が困難な場合に入所して、生活全般の介護サービスを受ける施設であり、文字通り「生活の場」です。

　施設では、入浴、排せつ、食事等の介護その他の日常生活上の世話、機能訓練、健康管理及び療養上の世話などを行います。

　医療的ケアが必要となる場合、看護職員が夜間にいないことが多いことや、配置医師の役割が週1回程度の健康管理や健康指導が中心であることから、医療機関に通院・入院させることが多いですが、一定の条件の下で介護職員にも喀痰吸引などが認められています。

　夜間も見守りが必要となるため介護職員は原則としてシフト勤務制をとりますが、近年は見守りセンサーの活用などにより夜勤負担の削減の取り組みが進んできています。認知症の利用者に対するケアの専門性の一層の向上や、最期の看取りのケアの充実に取り組むことが求められつつあります。

　なお入所者の入所・退所手続き、入所者の相談対応、家族や医療機関・行政などの外部機関との対応などの相談・調整を担う施設内の役職者を**「生活相談員」**といいます。

(参考) ユニットケア

　特別養護老人ホームなどの介護保険施設は、これまで1部屋を2～4人で利用する相部屋（従来型多床室）を居室とし、食事も決められた時間に一斉に食事をする等、画一的なサービスが提供されていました。しかし、家族的な雰囲気の中で日常生活が送れるよう、10人程度ごとに1つのまとまったスペース（ユニット）を作って、その中に個室や共用のリビングなどを配置し、職員もユニットごとに配置する「ユニットケア」が提案され、その拡大が進められています。

私の体験　T県　介護老人福祉施設　介護職員　Nさん　32歳　男性　経験9年

　介護福祉士の資格を取得して、この仕事に就きました。入所者には大柄な男性もおり、入浴介護などは「力しごと」で、女性職員には大変です。しかも施設では若いほうですので、重宝されています。職員が一体となって、「その人らしいケア」を目標に、ケアの向上に努めています。施設では重度の認知症の方の受け入れも行っています。また、他の施設で断られた方も積極的に受け入れる方針ですので、難しい場面にも遭遇しています。ただ、前の施設で拘束をされたことのある入所者が施設内を自由に歩いたり、ふとした瞬間に和らいだ表情になることがあって、それを見た家族の方に喜んでいただいたときは、「この施設で本当によかった」とやりがいを感じました。職員間のカンファレンスでは、事例を出して皆で検証し、ひとつひとつのケアを積み重ねては振り返りを行っています。そうすることで、さらなるケアの向上を目指したいと思います。

---

(2)　介護老人保健施設

　「介護老人保健施設」（略して「老健」）は、症状が安定期にあって、主としてその心身の機能の維持回復（リハビリ）を図り、在宅復帰できるような支援が必要な要介護の利用者を対象とした入所施設です。施設では、看護、医学的管理の下における介護及び機能訓練その他必要な医療並びに日常生活上の世話を行います。特別養護老人ホームよりも看護師の配置割合が高く、医師も常時配置されます。在宅復帰を図ることを目的としているた

め、入所期間は原則として3〜6か月程度とされています。

⑶　介護医療院

「介護医療院」は、医療ニーズの高い要介護者の長期療養と生活支援を目的とした生活施設です。

3　その他の介護サービス

⑴　介護予防・日常生活支援総合事業

介護保険法では、「要介護（要支援）認定」を受けた利用者が受けることのできる介護保険サービスについて定めているほか、「地域包括ケアシステム」（高齢者に対して地域で住まい・生活支援・介護・医療・予防を一体的に提供して支援する仕組み）の実現を図るために市町村が行う諸事業（「地域支援事業」）についても定めています。

この事業のうち、高齢者の介護予防や生活支援を行うものを「介護予防・日常生活支援総合事業」（略して「総合事業」）といいます。

これはケアマネジャーなどの介護保険サービスの仕組みを使わずに、市町村が主体となって実施する事業であり、「要支援認定」を受けた者や基本チェックリストによって対象者であると判断された者に対して、訪問介護事業所の訪問介護員、通所介護事業所の従事者のほか、雇用労働者、ボランティア、保健医療の専門職等の多様なスタッフが、介護予防のための訪問型サービス・通所型サービスや生活支援などを行うものです。

通常、「地域包括支援センター」が窓口となります。

⑵　障害者支援施設

介護を必要とする人は、高齢者以外にも障害のある人がいます。これらの人への支援は、従来は、身体障害者療護施設や知的障害者更生施設など施設ごとに基準が設けられていましたが、「障害者自立支援法（現・障害者総合支援法）」（2006（平成18）年施行）により、施設単位のサービスから利用者本位のサービスとなり、「障害者支援施設」に一元化されました。施設においては「施設入所支援」等、在宅においては「重度訪問介護」や「行動援護」等という形で、利用者の意向や特性を踏まえた介護サービスを提供しています。

高齢者への介護は「介護保険法」に、また障害者への介護は「障害者総合支援法」などに定められていますが、障害者も40歳以上の人は介護保険の被保険者となり、65歳になれば、介護保険の給付を受けることができます（特定疾病の場合は40歳以上）。

64歳以下の障害者は、障害者施策の介護サービスを受け、65歳以上になって介護が必要な場合は、介護保険からサービスを受けることが基本となります。また、ガイドヘルプサービスなど介護保険の給付にないサービスは、障害者施策により行います。

（執筆：北條憲一）

2　キャリアパスの資格取得要件

介護人材の質を上げるとともに、安定的に確保するため、介護職全体の資格体系が見直され、キャリアパス（キャリアアップの仕組み）が示されました。
ここでは、
① 介護職の資格体系の見直し
② キャリアパスの全体像
について理解してください。

Ⅰ　介護職の資格体系の見直し

　2025（令和7）年には、約253万人の介護職が必要とされています。さらに量的充足だけでなく、介護現場の中核を担う介護福祉士は介護職全体の3割弱にとどまっており、その安定的な確保にも対応が必要です。そこで、今後の介護人材のキャリアパスを簡素でわかりやすいものにするとともに、生涯働き続けることができるという展望を持てるようにするため、介護職全体の資格体系を見直す作業が行われました。

Ⅱ　キャリアパスの全体像

　2011（平成23）年、厚生労働省の「今後の介護人材養成の在り方に関する検討会」によって、介護人材の養成体系は「初任者研修修了者→介護福祉士→認定介護福祉士」を基本とすることが示されました（図表1—1）。

1　初任者研修修了段階【介護職への入職段階】

　従来の「ホームヘルパー2級」に相当する研修を再構築して、在宅・施設を問わず、介護職として働くうえで基本となる知識・技術を習得する130時間の「介護職員初任者研修」を設定しました。

2　介護福祉士資格取得段階

⑴　実務者研修

　介護の実務経験者が介護福祉士を目指す場合、実務経験だけでは十分に習得できない知識・技術を身につけるために、平成28年度から「実務者研修」が義務づけられました。実務者研修では、幅広い利用者に対する基本的な介護提供能力の習得をはじめ、今後の制度

改正や新たな課題・技術・知見を自ら把握できる能力の獲得を目指します。

(2)　国家試験の義務づけ

　　従来、介護福祉士養成施設の卒業生は、卒業時に介護福祉士の資格を取得することができましたが、平成29年4月1日からは国家試験に合格しなければ資格が取得できなくなりました。

※なお、(2)については、円滑な制度施行に向けて経過的な措置を講じることとされています。以下がその内容です。

① 　平成29年度から養成施設卒業者に対し、国家試験の受験資格を付与する。

② 　平成29年度から令和8年度までの養成施設卒業者については、

(ア)　卒業から5年間、暫定的に介護福祉士資格を付与する。

(イ)　その間に以下のいずれかを満たせば、その後も引き続き介護福祉士資格を保持することができることとする。

　　A　卒後5年以内に国家試験に合格すること

　　B　原則卒後5年間継続して実務に従事すること

　　なお、卒後5年以内にAとBのいずれも満たせなかった場合も、介護福祉士国家試験の受験資格は有しており、国家試験に合格することにより、介護福祉士資格を取得することができる。

3　認定介護福祉士段階

　介護福祉士の資格取得後、実務での介護実践を通じてさらにその知識・技術を研さんしていくことが大切です。資格取得後の展望を持てるようにするためにも、質の高い介護を行う幅広い知識・技術を身につけて、他の現場職員を指導できるレベルに達していくことが望まれます。介護福祉士の上位資格である「認定介護福祉士」として、その能力・技術を認定する仕組みが創設されています。

　認定介護福祉士になるためには、必要な知識や技術などを獲得するため、認定介護福祉士養成研修を受講し、全科目（22科目）を修了（単位取得）する必要があります。認定介護福祉士養成研修修了後に、認定介護福祉士認証・認定機構に認定申請の手続きをすることで認定介護福祉士として認定されます。

図表1－1　今後の介護人材キャリアパスのイメージ

出所：厚生労働省「今後の介護人材養成の在り方に関する検討会」報告書，2011　一部改変

◎キャリアパス　　◎初任者研修　　◎実務者研修
◎介護福祉士　　◎認定介護福祉士

（執筆：石橋智昭）

第2章

介護における
尊厳の保持・自立支援

1　人権と尊厳の保持

　　　　　介護に携わる専門職として、その技術や知識の土台となる重要な基本理念である「基本的人権」や「個人の尊厳」について理解します。その具体例であるアドボカシーやエンパワメントについても学びます。「人権」や「尊厳」は言葉で表現するのは難しいですが、実際には日常の一つ一つの動作や会話のなかに生きてくる援助の基本姿勢です。
　ここでは、
① 　個人としての尊厳
② 　権利擁護
③ 　個人の尊厳と価値
④ 　社会的役割の実感
について理解してください。

Ⅰ　個人としての尊厳

1　人間の尊厳

　個人の尊厳とは、「個人が人として尊ばれ、社会で自分らしく生きていけること」で、人権思想と重なります。民主主義で自由と平等が保障された日本のように、世界中の人々が皆、個人として尊ばれ、自由で平等とは限りません。国の社会、文化、宗教や時代によって「人間の尊厳」は大きく異なります。

　ここでは介護や福祉の領域での「個人としての尊厳」を扱いますが、介護において「個人の尊厳を守る」ことは、生活でのその人らしさを尊重し、受け入れることを意味します。

2　日本における基本的人権

　「個人としての尊厳」は「基本的人権」とほとんど重なります。世界人権宣言には「すべての人間は、生れながらにして自由であり、かつ、尊厳と権利とについて平等である」と明記されています。

　基本的人権のもっとも大切なことは、「生存権」と「自由・幸福追求権」が守られることで、日本国憲法ではこの2つが保障されています。
【第13条】「すべて国民は、個人として尊重される。生命、自由及び幸福追求に対する国民の権利については、公共の福祉に反しない限り、立法その他の国政の上で、最大の尊重を必要とする」
【第25条】「すべて国民は、健康で文化的な最低限度の生活を営む権利を有する」

3　基本的人権と介護・医療

　介護保険では、「措置から契約」によってサービスの選択権が保障され、同時に「生活者としての自己決定」によって自分らしい生活の追求（幸福追求権）が保障されています。介護・医療の利用者には権利の主体として、選択のための情報収集、契約に至る自己決定が困難な人もいるため、権利擁護の仕組みが必要になりました。

　医療ではインフォームド・コンセント＊、セカンド・オピニオン＊等によって患者の基本的人権が保障されています。

＊インフォームド・コンセント：医師は患者によく説明し（インフォーム）、同意（コンセント）を得た場合のみ、手術・検査・投薬などを提供できる。アメリカで普及し、日本でも1997（平成9）年の医療法改正により、義務づけられた。

＊セカンド・オピニオン：医療の進歩により多様な治療法がある現代において、患者が自分に最善の医療を求めて、主治医以外の医師からも意見を聞くこと。がんの治療では多くの患者がセカンド・オピニオンを求めるようになった。

II　権利擁護

1　権利擁護とアドボカシー

　人は誰もが尊重されたい、自己の尊厳を守りたいという意識を持っています。権利擁護とは、それを認識することが難しい人、またその権利を主張することが困難な人のために権利を主張することです。また、人間の尊厳や基本的人権が、他者によって奪われたり、無視されている場合、それを訴え主張する意識を持ち、その状態を改善するために行動することです。

　権利擁護は、権利の主体として意識を持つことが困難な人、主張する権利について未知の人に「権利とは何か」を開眼させ、主張するための手段や方法を教え、行動することが難しい人をバックアップするエンパワメントを含みます。また、自らの権利を主張することが困難な人に代わり、その権利を主張するアドボカシー（代弁）までを含む広い概念です。

　アドボカシーとは、代弁者や代弁機能という意味もあり、法律的な権利擁護としてトラブル処理や情報提供を行うリーガル・アドボカシーがあります。

　介護に関係する権利擁護の例には、①情報公開と第三者評価、②オンブズ・パーソン、③苦情対応、④成年後見があります。

2　エンパワメント

　エンパワメントとは、語源が「力づけること」「勇気づけること」であるように、「侵害されている、または諦めさせられている権利」がどのようなものか、明確にすることを支援します。次いで、その権利の救済や権利の形成・獲得を支援します。また、それらの権利にまつわる問題を自ら解決できる力を高めたり、解決に必要な援助を活用する力を高めることです。もとは米国での黒人差別反対や女性の地位向上の運動のなかで普及し、後に障害者の権利擁護や自立生活運動として福祉分野にも広がりました。

エンパワメントの考え方は、セルフヘルプ・グループ*活動、ストレングスモデル*などにもつながっています。

*セルフヘルプ・グループ：医療や福祉での当事者のグループが、自らの問題や障害についての悩みや情報を自分達で共有し、共に支え合って回復や解決に方向づけていく活動。アルコール依存症者の断酒会、がん患者の会、認知症高齢者の家族会など、多彩なグループがある。

*ストレングスモデル：ソーシャルワーク（社会福祉援助）の過程で援助の対象者のマイナス面ばかりに注目せず、健康な状態や粘り強さなどプラス面や強みを評価し、本人の自信と意欲を引き出す援助方法。精神障害者分野から生活保護受給者や障害者全体の援助に広がった。

3　エンパワメントやアドボカシーが想定されるケース

エンパワメントやアドボカシーが想定されるケースは、以下のとおりです。
① 自分の状況を客観的に判断したり、自分の意思を表現することが困難な場合
② 権利はあっても、その理解が難しかったり主張することが困難な場合
③ 社会的制度やサービスの情報を持っていなかったり、それを理解することが困難な場合
④ 制度を理解していても自ら他に伝えたり、説明して助けを求めることが困難な場合
具体的に社会でエンパワメントやアドボカシーの必要な人は、以下のとおりです。
（例）
① 認知症の高齢者や知的判断、意思表示が困難な障害者
② 児童福祉分野では、法的知識がなく、意思表示の機会や手段のない子どもや幼児
③ 法律や行政についての情報が得にくい一人暮らしの高齢者
④ 外国人労働者、海外からの移民など、言葉が不自由で制度の知識を得ることが困難な人

Ⅲ　個人の尊厳と価値

1　人間理解と尊厳の保持

(1)　老いの受容

介護には深い人間理解が必要ですが、それは、老いによる心身の変化をありのままに受けいれる姿勢から生まれます。人は生涯発達し続け、老年期は人生の収穫期であり、「人生の集大成、自我の統合期である」とエリクソン*は言いました。

このように、老いは心身機能の退化や喪失もありますが、精神的円熟味、判断力や人間関係では生涯の黄金期でもあります。老いの持つプラスとマイナスの2面とも引き受けて受容することは、「介護における尊厳の保持」にもつながります。

*エリクソン（1902〜1994）：アイデンティティ理論で名高い、ユダヤ系デンマーク人の精神分析家。大学卒業時、何をすべきかの職業選択に迷った経験から心理学を志し、モラトリアム理論を提唱した。人は生涯を通じて発達課題を乗り越えていくという自我心理学を打ち立てた。

(2)　老いと死生観

「すべての人に公平に訪れるものは死である」といわれるように、人は出生と同時に死への歩みを始めます。老いは記憶力や体力など心身の機能の低下、つまり喪失のプロセスでもあります。障害は心身の部分的喪失であり、それを受容することは本人にとって悲嘆を伴う大きな苦痛であり、心理的危機です。

利用者本人だけでなく、そばで支える介護者にとっても無力感を感じてしまうこともあるつらい経験です。自分なりの死生観を持ち、宗教心や信仰を理解することは、尊厳を支える介護に役立ちます。

2　介護における価値

(1)　価値観の多様性

自己実現とは、個人の価値観に基づき、時間の過ごし方からお金の使い方、人間関係への気遣いなど、人の生活や行動のすべてを支配します。また、生きがいや個人の幸福の追求でもあり、自己実現と個人の感じる幸福感は密接な関係があります。そのため、人生が十人十色であるように、価値観も人の数だけ存在するともいえます。

(2)　価値の分類

価値観は、時代によって、また、個々の国や社会の価値の順序によって変わります。中世では、非物質的価値である宗教的価値が重要視されました。次いで産業革命以降は工業製品や消費財が豊かになり、物質的価値が高まりました。

現代では、不動産や金融など経済的価値に重きが置かれています。一部の地域では、現代でも宗教的価値が重要視されているところもあります。

価値にはいろいろありますが、大きく分けて3つに分類されます。（図表1－1）非物質的価値は抽象的で理念的な価値であり、真理や哲学のテーマを含みます。社会的価値も非物質的価値に重なる部分がありますが、より現実的、具体的なものを指しています。

図表1－1　価値の分類

非物質的価値	道徳、正義、真実、倫理、宗教、美、愛、友情など
物質的価値	金銭・経済、車・衣類・宝石などの消費財、土地・建物の不動産など
社会的価値	学問（教授などの職位、学位、著作）、政治・権力、情報、名誉（勲章、称号）など

(3)　福祉と価値観

価値観は個人だけのものではなく、社会や集団に共有されるものです。世界で大規模な価値観として共有されているものは、キリスト教、仏教、イスラム教などの宗教です。宗教の慈善や愛の価値観は福祉の理念でもあり、古来の病院や多くの社会事業は、キリスト教の隣人愛に端を発しています。

医療や福祉の職能団体は、それぞれの価値に従い倫理綱領を持っています。旧来は、医療は「医学モデル」（生命維持装置など生理的な命を重視）、福祉は「生活モデル」（人の日常生活を重視）と言われ、同じ介護の現場でも人間を捉える視点に開きがありました。

しかし、現在は医療と福祉の連携により、人を命から生活まで全体的に捉える視点にな

っています（図表1－2）。

図表1－2　社会福祉や介護の価値観

組織や団体	共有される価値観
社会福祉全般	命と健康（ウェルビーイング）、人間の尊厳と人権、社会正義、ノーマライゼーションなど
ソーシャルワークの価値 （日本社会福祉士会倫理綱領）	人間の尊厳、社会正義、倫理綱領への誠実、専門的力量への責任など
日本介護福祉士会倫理綱領	利用者本位、自立支援、プライバシーの保護、専門的サービスの提供、利用者ニーズの代弁（だいべん）、地域福祉の推進など

⑷　介護者と価値観

　人は、年齢・生活歴・立場も違うため、人の価値観もそれぞれ違います。そのため、相談援助職には「バイステックの7原則」（相談援助職等が守るべき7つの原則）があり、個人の価値観を尊重しています。介護職にも専門職としての倫理綱領に「利用者本位」「自立支援」という前提があるので、利用者の価値観を受容（じゅよう）します。「受容」は、大事な原則ですが、利用者との関係性において受容が難しく感じられる場合は、一人で抱え込まないで同僚、上司、チームケアを行う人達に相談しましょう。

⑸　価値観の葛藤

　介護という対人サービスは利用者だけでなく、同僚やチームケアを行う他の専門職など多くの他人との協働作業ですから、価値観の葛藤（かっとう）を避けられない仕事です。人間関係、業務の優先順位、言動や態度のすべてが価値観の土台に由来しているので、グループや組織での決定には、価値観の葛藤と、そのすり合わせ、妥協（だきょう）や協調が必要です。

　自分ひとりの行動であっても常に価値観の葛藤が存在し、選択に悩みます。「仕事か遊びか」「仕事か家族サービスか」「出世か友情か」など、人は皆、人生で無数の選択を自らの価値観で行います。重要な岐路（きろ）では、多くの人がジレンマに陥（おちい）ることがあります（図表1－3）。

図表1－3　介護者の価値観の葛藤

利用者に対して	・「利用者の意向と業務遂行（すいこう）の都合」（買い物に同行したいが時間的に難しい） ・「利用者の意思と家族の意向」（トイレ介助かオムツ使用か）（施設か在宅か） ・「利用者の健康と嗜好の満足」（飲酒・喫煙やジャンクフードなど）
組織の管理者・経営者や職場の上司に対して	・「労働条件遵守かサービス残業か」「職場の人間関係の良さか経営優先か」「職員の働きやすさかノルマ達成（売り上げ増加）か」「トップダウンかチーム決定か」「職員・利用者中心か、組織（法人）優先か」
職場・チームの同僚や他職種に対して	・「病気治療か日常生活優先か」（訪問看護のケアプランか家事援助か） ・「リハビリテーション訓練か本人の苦痛忌避（ひ）か」（痛みを伴うリハビリテーションか無理のない訓練か）
介護者本人の内面に対して	・「仕事中心か、家庭優先か」「キャリアアップを目指すか、趣味優先でのんびり働くか」「職場での業務か、外での研修参加か」

⑹　利用者のプライバシーの保護

　介護者は、利用者の家族関係、家庭の状況など、個人のプライバシーに深く関わることになります。プライバシーは、誰でも他人に知られたくないものですから、介護職には「職業上知り得た利用者のプライバシーは、みだりに口外してはならない」という守秘義務があります。

　医療職や介護職に職業倫理が課せられているのは、対象が患者や障害者、自分で判断や行動が困難な人達の権利を保護するためです。

　慈善活動なら個人の人道的、または博愛精神に期待すればよいのですが、業務として介護を行う職能団体は、利用者の立場を守り、業務の質を高めるため、職業倫理を定めているのです。

Ⅳ　社会的役割の実感

1　自己決定と尊厳

　「自分の時間とエネルギーを自分の価値観にもとづいて使う」。これが日常生活での自己決定です。食事や外出に介助を必要とする状態でも、観たいテレビ番組や映画鑑賞、好きな公園への散歩や買物、家族や友人との交流など、本人が望めば可能な自己決定の選択肢が無数にあります。

　その選択を自らの意思で決定し行動できれば、高齢者や障害者の自信と生きがいにつながります。すなわち、「個人の尊厳」が守られている状態であり、そのために介護者が存在するのです。

2　社会的役割の実感

　人は社会的存在です。例えば、独居の高齢者や障害者がデイサービスに出かけて、メンバーとして社会参加すると、仲間意識を実感されることがあります。また、近所の人と出会うと自然に声をかけ挨拶をします。こうした交流や関係が部分的に保持されていると、人は地域での自分の社会的存在と役割を実感できるのです。

　同居の家族がいる高齢者なら、日常生活のなかで祖父や祖母としての役割を自覚し、威厳を持って行動したり、孫の世話を焼いたりします。その緊張感と満足感が自信を与え、自立を支える意欲や行動力になります。

今後の学習のための　🔑キーワード

◎基本的人権　　◎権利擁護　　◎個人の尊厳　　◎死生観

◎価値観の葛藤　　◎社会的役割の実感

（執筆：鈴木眞理子）

2 ICF（国際生活機能分類）

ICF（国際生活機能分類）は、介護を提供する際、介護職員が利用者を理解するために行うアセスメントの基本的な見方を具体化したものです。利用者が日々行っている行為を、マイナス面だけではなくプラス面をも捉えます。また、多職種との連携の際にも共通言語として活用します。
ここでは
① 介護分野におけるICF
について理解してください。

I 介護分野におけるICF

1 アセスメントとICF

　介護は根拠があって行うものであり、介護を提供するまでの介護過程があります。その基本となるのはアセスメントです。アセスメントは、情報を収集し、その情報を統合化して分析し、必要な介護を導き出します。そのアセスメントを行う際に重要なことは、ICFの視点を活用することです（ICFとICIDHの考え方は、第8章—1「1　障害の概念とICF（障害者福祉の基本理念）」を参照）。生活機能の各階層（レベル）の現状を把握し、健康状態や背景因子（環境因子・個人因子）の情報を得るとともに、相互の関連性をみて、利用者の生活課題（ニーズ）を明確に把握します。

　ICFの基本は、心身機能・身体構造、活動、参加の「生活機能」と「健康状態」、環境因子、個人因子の「背景因子」の3つの要素が関連して、生きることの全体像を示すもので、介護を提供するために必要な考え方です。従来は利用者の心身機能や生活動作に視点を置いてきましたが、利用者の役割を取り戻したり、社会との関わりを広げたりして、利用者の生活を広範囲に捉える視点を持つことで、個別性に応じた適切な介護をすることができます。

2 ICFとアセスメントの視点—食事介護の場合

　介護は生活を支援することですから、日常生活の中で行われる更衣、移動・移乗、食事、洗面、整容、排泄、入浴、睡眠等の身体介護だけでなく、掃除、調理、洗濯、整理・整頓等の生活援助等があり、利用者によってさまざまな支援方法があります。それらの介護は、アセスメントが基本になります。

　例えば食事介護をする場合、ICFとアセスメントの情報収集に必要な観察のポイントの関係性を示すと、以下のようになります。

(1) **健康状態の観察ポイント**
・消化器系の疾患（胃炎、便秘、下痢、大腸炎、肝臓病、食道がん等）の有無
・生活習慣病（糖尿病、高血圧症、脂質異常症、高尿酸血症等）の有無
・脳・神経疾患（脳梗塞、脳出血、くも膜下出血、高次脳機能障害、失語症、認知症等）
　の有無等

(2) **心身機能・身体構造の観察ポイント**

・感覚機能の障害の有無　　　　　　　・認知機能の低下の有無
・マヒや拘縮、筋力の低下の有無　　　・言語機能はどうか
・消化器官はどうか　　　　　　　　　・口腔内の状態はどうか
・食欲や関心はどうか等

(3) **活動の観察ポイント**
・食事の場までの移動・移乗はどの程度できるか
・座位姿勢の保持の程度
・摂食動作の程度
・調理、配膳、片づけはどの程度できるか
・制限食などがある場合、調整はできるか
・コミュニケーションはどの程度とれるか等

(4) **参加の観察ポイント**
・食事に関連することでできるものはあるか（献立作成、調理方法を考える）
・外食などに行くか等

(5) **環境因子の観察ポイント**

・食事の場の状況はどうか　　　　　　・介護者はいるか
・栄養バランスへのアドバイスの状況　・食事はだれとするか
・経済面はどうか　　　　　　　　　　・公的・私的サービスはあるか等

(6) **個人因子の観察ポイント**

・食事に関する考え方はどうか　　　　・嗜好はどうか
・生活歴はどうか　　　　　　　　　　・生活環境はどうか等

3　ICFと家事支援の観察ポイント

　家事支援は、訪問介護サービスでは生活援助といいます。食生活、被服生活、住生活が包括されています。これらをICFの関係性から観察のポイントをみていきます。

(1) **健康状態の観察ポイント**

・体調はどうか　　　　　　　　　　　・病気の有無や状態はどうか
・治療は継続しているか　　　　　　　・処方されている薬は何か等

(2) **心身機能・身体構造の観察ポイント**

・行動制限や食事制限はあるか　　　　・自分で感じている具合の悪さがあるか
・不安や落ち込みはあるか　　　　　　・感覚機能の程度はどうか
・認知機能の程度はどうか　　　　　　・意欲はあるか等

(3) **活動の観察ポイント**
・歩行や立位、座位等の基本動作の程度
・食事や入浴、排泄、買い物など身の回りの動作の程度
・整容行為の程度　　　　　　　　　・家事行為のできること、できないこと
・意思の伝達の程度　　　　　　　　・電化製品を使えるか
・外部との連絡がとれるか　　　　　・火の始末や鍵の管理ができるか等

(4) **参加の観察ポイント**
・日々決めて行っていることがあるか　・活用できる制度を利用しているか
・グループ活動に参加しているか　　　・必要な情報を入手できるか
・交通機関が利用できるか等

(5) **環境因子の観察ポイント**
・自宅は動きやすい動線か　　　　　・段差など外出への物的障害があるか
・用具や物品は整備されているか　　・経済面はどうか
・家族関係はどうか　　　　　　　　・近隣や友人との関係はどうか
・制度を活用しているか等

(6) **個人因子の観察ポイント**
・生活へのこだわりはあるか、どのように暮らしたいか
・家事で困っていること等

今後の学習のための　◎ICF（国際生活機能分類）　◎アセスメント
🔑 キーワード　　　◎観察ポイント

（執筆：是枝祥子）

3　QOL（生活の質）

　　　　経済的生活水準、住宅や食生活の物質的な暮らし向きではなく、人の生きがいにつながる生活の質について考えます。人がそれぞれ自分に合った生き方を自己決定し、それを社会が許容し支援するには、価値観の理解が必要です。
　　　ここでは、
　　　① 　生活の質の捉え方
　　　② 　生活の質と人間の尊厳
について理解してください。

Ⅰ　QOL（Quality of Life）

1　生活の質の捉え方

　「生活の質」とは社会や文化のあり方、また個人の価値観によって多様に異なります。もともと質とは時間や量、金額のように客観的に測れるものではありません。「生活の質」とは個人の尺度で生活を評価することで、個人の尊厳、生きがいに関係します。具体的には、やりがいのある仕事から食事や部屋のベッドの寝心地など、幅広いQOLが存在します。介護や援助の目的は、高齢者や障害者個人のQOLの向上ともいえるでしょう。

2　内的QOLと外的QOL

(1)　内的QOL

　内的QOLとは、自己実現、自由、自己決定、自信、自己受容、安心感などです。個人の生涯、人生における心の満足につながる精神生活での質に関係します。ただし、社会的な公序良俗に反しないという制限があります。

(2)　外的QOL

　外的QOLとは、住居環境、教育、仕事、経済、余暇活動、対人関係です。これらは、個人の生活における社会的な領域で客観的なレベルで示すことができます。
　なお、外的QOLと内的QOLは相互に関係する場合は多いですが、常にそうとは限りません。

第2章—1
3 QOL（生活の質）

Ⅱ 生活の質と人間の尊厳

1 尊厳ある暮らし

　尊厳ある暮らしとは、その人らしい生活の質が維持されていることです。具体的には個人の自己決定が保障された生活であり、日常生活の衣食住の小さなことから職業選択や結婚生活などの大きなイベントまで、自分の意思で選択できる人生です。自己決定の積み重ねが人生における自己実現、個人の尊厳ある暮らしにつながります。

2 マズローの欲求段階説と自己実現

　アメリカの心理学者マズロー*の欲求段階説（図表1—4）は、家族や集団、社会のルーツを理解するうえで役立ちます。種の保存という本能的な欲求の「生理的な欲求」や「安全の欲求」から、社会的存在としての欲求でもある「所属の欲求」「承認の欲求」「自己実現の欲求」へと段階的に進化し、人格的成長とも関係しています。これらの欲求は生きる意欲でもあり、個人の人生のすべての自己決定につながり、自己実現となって完成するのです。

　介護はまさに「生理的な欲求」と「安全の欲求」の充足を第一の目的とし、それにより家族や地域との交流（所属・承認の欲求）が満たされ、自己実現が可能になります。人はいつまでも社会的存在であり、地域や家族での役割による充実感は生きがいにつながります。

　*マズロー（1908～1970）：ニューヨークの貧しいロシア系移民の子として、苦学して複数の大学で学位をとったが、世界大恐慌で就職に苦労した経験から人間主義心理学を打ち立てた。社会的存在である人間の活動範囲の拡大を欲求段階説として理論化し、自己実現心理学とも言われる。

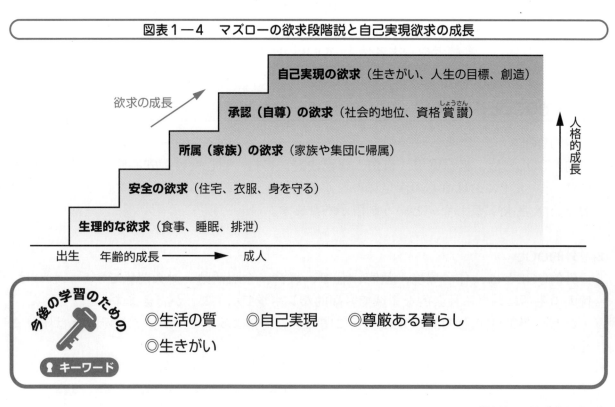

図表1—4　マズローの欲求段階説と自己実現欲求の成長

自己実現の欲求（生きがい、人生の目標、創造）

欲求の成長

承認（自尊）の欲求（社会的地位、資格賞讃）

所属（家族）の欲求（家族や集団に帰属）

安全の欲求（住宅、衣服、身を守る）

生理的な欲求（食事、睡眠、排泄）

人格的成長

出生　年齢的成長　　　➡　　成人

今後の学習のための
🔑 キーワード

◎生活の質　　◎自己実現　　◎尊厳ある暮らし
◎生きがい

（執筆：鈴木眞理子）

4　ノーマライゼーション

　今や福祉の基本的理念となったノーマライゼーションについて、その歴史的ルーツと理念について理解します。また、具体的な社会のなかでその理念がどのように活かされているかについて学びます。
ここでは、
① 　ノーマライゼーションの理念と実際
② 　ノーマライゼーションの歴史
について理解してください。

Ⅰ　ノーマライゼーションの理念と実際

1　ノーマライゼーションとは

　ノーマライゼーションとは、障害のある人や高齢者が健常者と同じように、社会や地域のなかでその人らしく、我慢(がまん)することなく生涯を通じて普通の生活が継続できることです。個人が自立して自分なりのライフスタイルを実現できる社会の実現が、ノーマライゼーションともいえるでしょう。

　「障害者や高齢者が社会で差別されず、働いたり、活動できる完全参加と共生(きょうせい)の実現可能な社会」、これがノーマライゼーションの理念です。

2　ノーマライゼーションの原理

　ベンクト・ニィリエ*は、著書「ノーマライゼーションの原理　普遍(ふへん)化と社会変革を求めて」のなかで、次の8つを原理としてあげています（図表1—5）。

図表1—5　ノーマライゼーションの原理

1	1日のノーマルなリズム	5	ノーマルな個人の尊厳と自己決定権
2	1週間のノーマルなリズム	6	その文化におけるノーマルな性的関係
3	1年間のノーマルなリズム	7	その社会におけるノーマルな経済水準とそれを得る権利
4	ライフサイクルにおけるノーマルな発達的経験	8	その地域におけるノーマルな住居環境と水準

　＊ベンクト・ニィリエ（1924〜2006）：デンマークのノーマライゼーションの運動に影響を受け、スウェーデンの知的障害者の福祉制度改革に尽力した運動家。デンマークの「1959年法」やスウェーデンの1968年の「援護法」はノーマライゼーションの理念に基づき、知的障害児の教育を受ける権利やグループホームでの生活を保障した。

3　ノーマライゼーションの実現

　ノーマライゼーションの実現は、社会の諸制度、サービスのあり方、人との関係から差別をなくすことです。それには、さまざまな障壁を取り除くという意味でのバリアフリーの理念が欠かせません。バリアフリーの具体例は、次のとおりです。
- ・交通や建物、道路などの環境を整えること。
- ・道路の段差を無くしたり、駅にエレベーターを設置すること。
- ・妊娠した女性や子ども連れの人にとっても暮らしやすい環境を整えること。
- ・障害者や高齢者へのかたよった見方や考え方が無く、社会の構成員全員が共に助け合って暮らせること。

Ⅱ　ノーマライゼーションの歴史

1　北欧でのルーツ

　ノーマライゼーションの運動は、特に知的障害者の分野で始まりました。第２次世界大戦後、知的障害者が福祉の対象者として認められ、大規模施設が整備されました。しかしながら、当時の施設は家族や社会から隔離され、画一的で地域の人々に差別されることもあり、社会参加とは程遠いものでした。

　その後の社会全体の発展に伴い、当事者達と家族らが声をあげ、大規模施設を解体し、個人の意思を尊重できるグループホームや在宅生活への移行を可能にしました。これを「脱施設化」と呼びます。また仕事を持ち納税者として社会参加し、地域社会の一員として地域の人々との交流が重要視されるようになりました。

2　アメリカから世界に普及

　1950～60年代、デンマークのバンク・ミケルセン*、スウェーデンのベンクト・ニィリエなどが北欧で広めたこの理念はアメリカに伝わり、ベトナム戦争の傷病帰還兵の自立生活運動に大きな影響を与えました。

　障害者の社会参加を目指すこの理念は、1981（昭和56）年の国際障害者年のテーマ「完全参加と平等」の理念と相まって、世界の福祉思想を大きく前進させました。

＊バンク・ミケルセン（1919～1990）：ノーマライゼーションの思想を世界に広めた社会運動家。大学卒業後の記者時代、占領していたナチスに抵抗し強制収容所に入れられた経験を持つ。それが大規模施設での知的障害者の非人間的扱いに同情させ、家族を巻き込んだ改善運動に向かわせた。

3　日本の福祉への理念の普及

　1980年代の日本にも、ノーマライゼーションの思想は、北欧の進んだ高齢者介護の基本理念として、英国からのコミュニティケアとともに普及しました。「寝たきり予防」「在宅サービスの充実」「個人の選択権の保障」、「施設の個室化」などの福祉制度や在宅サービスだけでなく、バリアフリーの街づくりや建築物のハード面、通信や情報ネットワークなどのソフト面など、あらゆる社会のあり方に影響を与えています。

◎バリアフリー　　◎ノーマルな生活状態の保障
◎完全参加　　◎共生

（執筆：鈴木眞理子）

5　虐待予防・身体拘束禁止

　　国語辞典によると「虐待」の意味は「むごい取り扱いをすること」です。言葉の響きからも受け入れがたく、関わりを遠ざけたいものです。しかし、介護に携わると、虐待を受けている利用者に遭遇する場合もあります。そのような利用者には、特に支援が必要となります。
　　ここでは、
　① 高齢者虐待防止法
　② 身体拘束禁止
について理解してください。

I　高齢者虐待防止法

1　成立までの経緯

　高齢者 虐待は、1987（昭和62）年、『老人虐待』（金子善彦著）によって、社会問題として提起されました。その後、各分野において高齢者虐待防止法制定に向けた動きが活発化し、2006（平成18）年4月1日から「高齢者虐待の防止、高齢者の養護者に対する支援等に関する法律」（以下、「高齢者虐待防止法」）が施行されました。

2　高齢者 虐 待防止法の概要

⑴　高齢者虐待防止法の目的

　本法の目的は、高齢者の尊厳保持のため、高齢者虐待の防止等における国、都道府県、市町村の行政等の責務を定め、虐待を受けた高齢者に対する保護の措置とともに、養護者の負担の軽減を図ることなど、高齢者虐待の防止と養護者に対する支援等に関する施策を促進することです。

　この高齢者虐待防止法は、罰を与えることを目的としていないため、高齢者虐待を行っても罰則はありません。しかし、ひどい虐待が行われている場合は、暴行罪、傷害罪などの刑法犯罪として、警察と連携して対応することが必要な場合もあります。

　また、高齢者の生命・身体に重大な危険が生じているおそれがある場合には、地域包括支援センターの職員などが立入調査することができます。正当な理由がなく、拒否・妨害などをした場合は、30万円以下の罰金が課せられます。立入調査が確実に行える仕組みが整っているのです。

　大切なことは、この法の下では、虐待された高齢者も、虐待を行った養護者も、ともに

・・・・・・支援の対象だということです。虐待を行った養護者という理由で、軽蔑のまなざしを向けたり、批判にさらすことは、間違った対応にほかなりません。

　虐待の原因は、①介護疲れ、②介護方法に関する技術・知識の不足、③認知症症状およびその対応への無理解、④知的・精神障害、アルコール依存症等、若いころからの疾患がベースになっている場合などがあります。また、①仕事がうまくいかなくなる、②会社からのリストラ、③多重債務など、養護者自身が生活上の深刻な問題を抱えることによって起こる場合もあります。

　「高齢者虐待」という目の前の状況ばかりにとらわれず、そこに至るまでの過程をよくアセスメントし、虐待をしてしまう本当の理由を見つけて支援を展開することが求められています。

(2)　高齢者虐待防止法における定義

　この法律における「高齢者」とは、原則として65歳以上の者です。また、この法律における「高齢者虐待」とは、①家庭で現に養護している者(養護者)、②施設等の職員(養介護施設従事者等)による虐待を言います。ただし、「経済的虐待」については、虐待の主体に高齢者の親族が含まれます。

図表1－6　高齢者虐待の定義と具体例

高齢者虐待	虐待の内容	具体例
身体的虐待	暴力的行為などで、身体にあざ、痛みを与える行為や、外部との接触を意図的、継続的に遮断する行為	・平手打ちをする、つねる、殴る、蹴る、無理矢理食事を口に入れる、やけど・打撲させる ・ベッドに縛りつけたり、意図的に薬を過剰に服用させたりして、身体拘束、抑制をする　等
介護・世話の放棄・放任	意図的であるか、結果的であるかを問わず、介護や生活の世話を行っている家族が、その提供を放棄または放任し、高齢者の生活環境や、高齢者自身の身体・精神的状態を悪化させていること	・入浴しておらず異臭がする、髪が伸び放題だったり、皮膚が汚れている ・水分や食事を十分に与えられていないことで、空腹状態が長時間にわたって続いたり、脱水症状や栄養失調の状態にある ・室内にごみを放置するなど、劣悪な住環境のなかで生活させる ・高齢者本人が必要とする介護・医療サービスを、相応の理由なく制限したり使わせたりしない ・同居人による高齢者虐待と同様の行為を放置すること　等
心理的虐待	脅しや侮辱などの言語や威圧的な態度、無視、嫌がらせ等によって精神的、情緒的苦痛を与えること	・排泄の失敗を嘲笑したり、それを人前で話すなどにより高齢者に恥をかかせる ・怒鳴る、ののしる、悪口を言う ・侮辱を込めて、子どものように扱う ・高齢者が話しかけているのを意図的に無視する　等

性的虐待 せいてきぎゃくたい	本人との間で合意が形成されていない、あらゆる形態の性的な行為またはその強要	・排泄の失敗に対して 懲 罰 的に下半身 　を 裸 にして放置する ・キス、性器への接触、セックスを強要 　する　等
経済的虐待 けいざいてきぎゃくたい	本人の合意なしに財産や金銭を使用し、本人の希望する金銭の使用を理由無く制限すること	・日常生活に必要な金銭を渡さない、使 　わせない ・本人の自宅等を本人に無断で売却する ・年金や預貯金を本人の意思・利益に反 　して使用する　等

（参考）厚生労働省老健局　市町村・都道府県における高齢者虐待への対応と養護者支援について（令和５年３月改訂）
　　　　第Ⅰ章　高齢者虐待防止の基本，p8-9.

(3)　高齢者虐待防止における介護職に期待される役割

　高齢者虐待防止法には、国民の責務として、高齢者虐待の防止と養護者に対する支援等の重要性への理解を深め、国・地方自治体の施策への協力に努めるよう定められています。

　特に、高齢者、養護者のもっとも身近にいて支援を展開する介護職は、「高齢者虐待を発見しやすい立場にあることを自覚し、高齢者虐待の早期発見に努めなければならない」とされています。また、虐待が確定的でない段階であっても、虐待を受けたと「思われる」高齢者を発見した時点での通報が期待されています。事態が深刻になる前の、早期の介 入支援につながるためです。

　高齢者虐待防止法では、通報者を保護するため、通報者が誰であるか等についての守秘義務があります。通報を躊躇せず、積極的な情報提供が望まれます。

　高齢者虐待については、市町村、地域包括支援センターを中心として、各種専門家や団体、機関が連携して対応に当たることが重要とされています。これが高齢者虐待防止ネットワークです。このネットワークを機能させるために、図表１―７にある３つのネットワークがそれぞれの役割を果たし、連携 協 力 体制を整備しなければなりません。

図表１―７　高齢者虐待防止ネットワーク

早期発見・見守りねっとわーく	虐待の予防や早期発見段階
保健医療福祉サービス 介入ネットワーク	ケアマネジャーや介護サービス事業者等、日常的に具体的な支援を展開する構成員からなる
関係専門機関介入支援 ネットワーク	さらに専門的な対応の必要性が生じた時に協力を得る

　解決が難しいと感じる事例に向き合った場合も、決して一人で対応せず、ネットワークの中の一員だということを自覚して、多様な人の意見を聞き、社会資源を利用し、相談しながら支援を展開することが重要です。

Ⅱ 身体拘束禁止

1 身体拘束

　高齢者ケアの現場では、主に、高齢者の転倒・転落防止などを理由に、身体拘束が行われてきました。

　しかし、人の身体を拘束すると、本人に不安や怒り、屈辱、あきらめといった大きな精神的苦痛を与えることになり、人間としての尊厳を揺るがす状態になります。そればかりか、身体拘束によって高齢者の身体機能は低下し、廃用症候群（生活不活発病）による寝たきりにつながるおそれもあります。

　こうしたさまざまな理由から、2000（平成12）年の介護保険制度の施行に伴い、高齢者が利用する介護保険施設等では身体拘束が禁止され（図表1—8）、介護の現場では、身体拘束のないケアの実現に向け、さまざまな取り組みが進められています。

　高齢者一人ひとりの心身の状態を正確にアセスメントして、漫然と身体拘束を行わないことや、身体拘束を必要としない状態になるように検討することが重要です。

> **図表1—8　身体拘束禁止の対象となる具体的な行為**
>
> 　次のような行為のほか、「言葉」による拘束など、虐待的な行為があってはならない。
> 　また、「不必要なオムツ」が身体拘束につながることもあり、尊厳ある排泄ケアを行うべきである。
> ① 徘徊しないように、車いすや椅子、ベッドに体幹や四肢をひも等で縛る。
> ② 転落しないように、ベッドに体幹や四肢をひも等で縛る。
> ③ 自分で降りられないように、ベッドを柵（サイドレール）で囲む。
> ④ 点滴・経管栄養等のチューブを抜かないように、四肢をひも等で縛る。
> ⑤ 点滴・経管栄養等のチューブを抜かないように、また皮膚をかきむしらないように、手指の機能を制限するミトン型の手袋等をつける。
> ⑥ 車いすや椅子からずり落ちたり、立ち上がったりしないように、Y字型拘束帯や腰ベルト、車いすテーブルをつける。
> ⑦ 立ち上がる能力のある人の立ち上がりを妨げるような椅子を使用する。
> ⑧ 脱衣やオムツはずしを制限するために、介護衣（つなぎ服）を着せる。
> ⑨ 他人への迷惑行為を防ぐために、ベッドなどに体幹や四肢をひも等で縛る。
> ⑩ 行動を落ち着かせるために、向精神薬を過剰に服用させる。
> ⑪ 自分の意思で開けることのできない居室等に隔離する。

出所：厚生労働省「身体拘束ゼロへの手引き」

2 緊急やむを得ない場合の対応

　「指定居宅サービス等の事業の人員、設備及び運営に関する基準」等によると、「当該入所者（利用者）又は他の入所者（利用者）等の生命又は身体を保護するため緊急やむを得ない場合」には身体拘束が認められています。しかし、「切迫性」「非代替性」「一時性」の3つの要件をすべて満たしていることが必要で（図表1—9）、かつ、それらの要件の確認等の手続きが極めて慎重に実施されている場合に限られます。

	図表1－9　「緊急やむを得ない場合」に該当する3要件（全て満たすことが必要）	
切迫性	入所者（利用者）本人または他の入所者（利用者）等の生命または身体が危険にさらされる可能性が著しく高いこと。	
非代替性	身体拘束その他の行動制限を行う以外に代替する介護方法がないこと。	
一時性	身体拘束その他の行動制限が一時的なものであること。	
◎現状を吟味して、いつも再検討することが大切である。		

出所：厚生労働省「身体拘束ゼロへの手引き」

　身体拘束等においては、高齢者等が身体拘束等を必要としない状況を目指し、「緊急やむを得ない場合」に該当する3要件（全て満たすことが必要）について再検討等を行うとともに、高齢者やご家族に対して、身体的拘束等の内容、目的、理由、拘束の時間、時間帯、期間等を詳細に説明し、十分な理解を得ることが重要です。

　なお、当該要件を満たす場合に限り身体的拘束等を行うことができますが、運営基準に基づき、身体的拘束等を行う場合には、その態様及び時間、その際の入所者の心身の状況並びに緊急やむを得ない理由を記録し、2年間保存しなければなりません。

　また、身体的拘束等の適正化を図るため、運営基準に基づき介護保険施設等のうち対象事業※のサービス事業者は、以下の措置を講じなければならないこととされています（平成30年度施行）。この措置は、身体的拘束等を行っていなくても講じることが義務付けられています。

一　身体的拘束等の適正化のための対策を検討する委員会（テレビ電話装置その他の情報通信機器（以下「テレビ電話装置等」という。）を活用して行うことができるものとする。）を三月に一回以上開催するとともに、その結果について、介護職員その他の従業者に周知徹底を図ること。

二　身体的拘束等の適正化のための指針を整備すること。

三　介護職員その他の従業者に対し、身体的拘束等の適正化のための研修を定期的に実施すること。

　　※介護老人福祉施設、介護老人保健施設、介護療養型医療施設、介護医療院、（介護予防）特定施設入居者生活介護、地域密着型特定施設入居者生活介護、地域密着型介護老人福祉施設入居者生活介護、（介護予防）認知症対応型共同生活介護

今後の学習のための　キーワード

◎高齢者虐待防止法　　◎身体的虐待
◎介護・世話の放棄・放任　　◎心理的虐待
◎性的虐待　　◎経済的虐待　　◎身体拘束

（執筆：小川孔美）

6　個人の権利を守る制度の概要

　　私たちが、一人の人間として生き、他者との関係を築きながら生活していくにあたって、決して侵されない、侵してはならないものが、人間が生まれながらにして持つとされる「人権」です。個人の権利を守るために、さまざまな法律や制度が整備されていますが、介護職が特に理解を深めておくべき、個人情報保護法について取り上げます。
　　ここでは、
　① 　個人情報保護法
について理解してください。

I　個人情報保護法

1　個人情報保護法の概要

　個人情報の保護に関する法律（以下、「個人情報保護法」）は、個人情報の有用性に配慮しながら、個人の権利や利益を守ることを目的として、2003（平成15）年5月に制定され、2005（平成17）4月に全面施行されました。その後、デジタル技術の進展やグローバル化などの経済・社会情勢の変化や、個人情報に対する意識の高まりなどに対応するため、個人情報保護法は、これまでに3度の大きな改正が行われています。

　「個人情報」とは、生存する「個人に関する情報」であって、氏名、住所、性別、生年月日、顔画像等個人を識別する情報に限られず、ある個人の身体、財産、職種、肩書等の属性に関して、事実、判断、評価を表す全ての情報であり、評価情報、公刊物等によって公にされている情報や、映像、音声による情報も含まれ、暗号化等によって秘匿化されているか否かを問わない※とされています。

　医療分野においては、診療録（診療録等の形態に整理されていない場合でも個人情報に該当する）、処方せん、手術記録、助産録、看護記録、検査所見記録、エックス線写真、紹介状、退院した患者に係る入院期間中の診療経過の要約、調剤録等が、また、介護分野においては、ケアプラン、介護サービス提供にかかる計画、提供したサービス内容等の記録、事故の状況等の記録等も個人情報です。医療、介護関係事業者は、利用者やその家族について、他者が容易には知り得ないような個人情報を詳細に知りうる立場にあるため、より個人情報の適正な取扱いが求められています。

　そのため、取り扱う個人データの漏えい、滅失または毀損の防止その他の個人データの安全管理のために必要かつ適切な「安全管理措置」、個人データの盗難・紛失等を防止するための「物理的安全管理措置」（入退館（室）管理の実施、盗難等に対する予防対策の実施（例

えば、カメラによる撮影や作業への立会い等による記録またはモニタリングの実施、記録機能を持つ媒体の持込み・持出しの禁止または検査の実施等）、個人データに対するアクセス管理や不正が疑われる異常な記録の存否の定期的な確認などの「技術的安全管理措置」を講じる必要があります。

※平成29年4月14日（令和5年3月一部改正）厚生労働省個人情報保護委員会「医療・介護関係事業者における個人情報の適切な取扱いのためのガイダンス」

2　「個人情報」における本人の同意

　個人情報保護法においては、個人データを第三者提供する場合には、あらかじめ本人の同意を得ることを原則としています。一方、病態、病状によっては、治療等を進めるに当たり、本人だけでなく家族等の同意が必要な場合があります。家族等への病状説明をする際には、本人に同意を得ることが望ましいです。また、本人から申出がある場合には、治療の実施等に支障の生じない範囲で、実際に患者（利用者）の世話をしている親族およびこれに準ずる者を説明する対象に加えたり、家族の特定の人を限定できます。

　ただし、意識不明の患者（利用者）の病状や重度の認知症の高齢者の状況を家族等に説明する場合は、本人の同意を得ずに第三者提供が可能です。医療・介護関係事業者において、本人の家族等であることを確認したうえで、治療に必要な範囲での情報提供、情報収集に努めましょう。その後、症状改善により、本人の意識が回復した際は、速やかに、提供および取得した個人情報の内容とその相手（情報提供してくれた人）について本人に説明し、本人から申出があった場合は、個人情報の内容の訂正等、病状の説明を行う家族等の対象者の変更等を行います。

　個人情報の取扱いについては、一人ひとりが正しい理解を深め、対応していくことが望ましく、わからない時には「医療・介護関係事業者における個人情報の適切な取扱いのためのガイダンス」に立ち返り、適切な対応をとるようにします。

今後の学習のための　キーワード　◎個人情報保護法　◎個人情報　◎個人データ

（執筆：小川孔美）

1　自立支援

　　　　介護職の仕事は、指示されたサービスを提供するだけではありません。介護職は、ケアの現場において、利用者の有する能力に応じて、「できないことを補う」のではなく、「できる行為をさらに増やす」介護をすることが求められます。利用者の意欲を引き出し、自立した生活ができるよう専門的な援助、支援を行います。
　　　ここでは、
　　　① 専門職として求められる「自立」と「自律」
　　　② 自立支援のための介護方法
について理解してください。

Ⅰ 専門職として求められる「自立」と「自律」

　私たちは日常のなかで「自立」や「自律」について話すことがあります。この内容について問われれば、自立とは、「独り立ちをすること」「他者からの助けを受けずに自分の力で物事を行っていくこと」。また、自律については、「自分をコントロールできること」「他からの制約を受けずに自分自身の規範（きはん）に従って行動すること」などという答え方もあります。

　これを専門職に当てはめてみると、他者に対してというよりも、介護職自身が業務を行っているときの姿勢や生き方に対して使うこともできます。「自立」や「自律」は、「介護を受ける人に対して」という以前に、介護を目指す専門職自身が「自立」や「自律」を目指すことを基盤とすることで、介護の必要な人の自立支援・自律支援を考えることができるようになります。

　「自律的な働き方」については、四則（しそく）演算の足し算（① 3 + 5 = □　②□+□ = 8 ）を例に説明することができます*。□の部分が①のように誰が答えても同じ解答になる仕事の仕方は、定型あるいは踏襲（とうしゅう）した仕事の仕方であり、個性を求められることはありません。一方、②は答える人によって組み合わせがいろいろ変わるので、答える人の創造工夫と判断作業が生まれ、個性が求められます。

　このことを介護職に置き換えると、①は業務をマニュアルどおりに行う、あるいは過去に行っていたものを踏襲した介護を行うことを示し、②は介護のさまざまな場面で判断し、意図的にケアを行うことを示します。

　*村山昇「"働く"をじっくりみつめなおすための18講義」明日香出版社，2007

Ⅱ　自立支援のための介護方法

1　利用者の持つ力を最大限に活かしたケア（残存能力の活用・個別ケア）

　人は、老いによってさまざまな身体機能が低下してきます。例えば、老化に伴う変形性膝関節症になると、階段の昇り降りで膝の関節の痛みがでます。その膝の痛みは、椅子やトイレでの立ち上がりなどで、行動にさまざまな制限を加え、そのことが本人の意欲の低下にまで波及して、結果的に日常生活動作（ADL）全体が低下していくことにもなります。

　居宅において自立した日常生活を営むことができるように支援することを目的とした訪問介護サービスには、身体介護と生活援助があります。あくまでも自立支援、生活支援の視点から、利用者の能力に応じて、自立した日常生活ができるように専門的な援助、支援を行うことが大切です。

　利用者の持っている力を最大限に活かしたケアをするためには、いま自分がケアをしなければならない利用者の「できる能力」をきちんと把握します。「自立」や「動機・意欲」、「利用者の価値観（個別性）」を尊重した支援を行います。「できる能力」の見極めが不十分であれば、利用者のできることについても介助することになり、実はそのことが自立や意欲が低下する要因を作っていることになります。自立支援には、身体的な自立に限らず、精神面での自立を支援することも含まれるのです。

2　できる行為を増やす介護（意欲を高める支援）

　自立支援に関する研究によると、「引きこもりの状態にある在宅高齢者の自立支援を行うためには、排泄動作の自立へ向けた支援を行うことが重要である*」という結果がでています。排泄介助において、とても参考になり、ベッド上の生活を余儀なくされた人を除いては、臥床の状態での排泄よりも、座っての排泄、あるいは移動しての排泄、トイレでの排泄など、利用者がどの段階にあるのかを判断し、その人の自立に向けた方法を選択して利用者の意欲を高めることを考えることが重要です。

　自立支援は「いま利用者ができないことを補う」介護ではなく、「できる行為を把握し、さらにできる行為を増やす」介護を目指し、個々の利用者の生活全体を包括的に捉えることが大切です。

*佐藤和佳子、柳久子、山田紀代美、鈴木みずえ、戸村成男、土屋滋「House-boundにある在宅要介護高齢者の自立支援に関する検討（第1報）：ADLと離床時間との関連」日本看護科学学会誌. 17（1）, 1997

3　重度化防止

　自立支援には、重度化をできる限り遅らせる視点も大切です（第2章—2「2　介護予防」を参照）。

今後の学習のための　キーワード

◎自立　　◎自律　　◎利用者のできる能力（残存能力）

◎利用者の意欲　　◎自立支援

（執筆：佐藤富士子）

2　介護予防

　「介護予防」とは、介護を必要とする状態をできる限り防ぐ（遅らせる）ことや、介護が必要となっても、その悪化をできる限り防ぐことです。介護予防に積極的に取り組むことにより、結果的に介護保険の財政負担の軽減にもつながります。
　ここでは、
　① 介護予防と健康寿命
　② 介護保険と介護予防
　③ 介護予防と社会的入院
について理解してください。

Ⅰ　介護予防と健康寿命

1　介護予防のイメージ

　介護予防という言葉から、どのようなイメージが浮かぶでしょうか。高齢者になっても、他者からの介護を受けず、元気で暮らせるように運動などをすることが介護予防でしょうか。年をとれば、誰でも筋肉や骨・心臓・肺機能などが衰え、心身機能も低下していきます。

　老いに病気はつきものですが、輸液ルートやバルーンカテーテル、気管チューブなど身体にチューブやセンサーが取り付けられる「スパゲティ症候群」になっても、延命治療を望む高齢者は多くはいないことでしょう。むしろ、最期まで元気で自分らしく生き、亡くなるときは、「家族や他者に迷惑をかけずに、まして寝たきりなどならず、ころりと死にたい」という声を聴きます。2004（平成16）年ごろに流行していた言葉に「PPK」（ピーピーケー＝ピンピンと元気に生き、コロリと逝こう）がありました。高齢になっても身体は元気で、意識ははっきりとしていたい。誰もが望む人生です。

2　健康寿命

　日本は世界最高水準の長寿国となっています。平均寿命には、元気な人も寝たきりの人も含まれますが、これからは「長寿」に「元気」を加えて、いつまでも自分らしく暮らすことが大切になってきています。

　つまり、単なる長寿ではなく、日常的に介護を必要としないで自立した生活ができる生存期間（健康寿命）を延ばすことが、今後の目指すべき姿であるといえます。平均寿命と健康寿命との差が拡大すれば、医療費や介護費用を必要とする期間が増大することになります。平均寿命と健康寿命との差は、2019（令和元）年で男性8.73年、女性12.07年となっています。

平均寿命と健康寿命の差を短縮することができれば、社会保障の負担軽減も期待できます。

　高齢者が健康寿命を延ばすには、加齢とともに現れる廃用症候群（生活不活発病）を予防する必要があります。廃用症候群（生活不活発病）とは、身体を動かさなかったり、栄養不足などにより、年齢以上に筋肉や骨・心臓・肺機能などが衰え、心身機能が低下していくことといわれています。いかに自立した日常生活を健康的に送れるか、維持していくことができるかが介護予防につながります。

Ⅱ　介護保険と介護予防

1　介護保険制度との関係

　介護保険は市町村単位で運営されており、その財源は、40歳以上の介護保険加入者から徴収する保険料と、国と地方の公費でまかなっています。一人でも多くの高齢者が介護予防を積極的に受け入れて努力して、できるだけ長く自立した状態を保つことにより、結果的に介護保険の財政負担の軽減にもつながることになります。

　厚生労働省は、平成18年度から介護保険制度に「介護予防」を重視したシステムを導入しました。介護予防とは「要介護状態の発生をできる限り防ぐ（遅らせる）こと、そして要介護状態にあってもその悪化をできる限り防ぐこと、さらには軽減を目指すこと」と定義されています。つまり、介護予防は、「単に高齢者の運動機能や栄養状態といった個々の要素の改善だけを目指すものではない。むしろ、これら心身機能の改善や環境調整などを通じて、個々の高齢者の生活機能（活動レベル）や参加（役割レベル）の向上をもたらし、それによって一人ひとりの生きがいや自己実現のための取り組みを支援して、生活の質（QOL）の向上を目指すものである」としています。

2　介護予防の考え方

　介護予防の手法は、高齢者が可能な限り自立した日常生活を続けていけるような、心身機能を改善することを目的とした機能訓練に偏りがちでした。

　しかし、団塊世代が後期高齢者になる2025年には高齢者数の増加に伴い、介護ニーズの量的拡大、認知症高齢者の増加、高齢者単独世帯の増加が見込まれるなど、状況は多様化・複雑化してきています。このような状況下において、厚生労働省は高齢者へ日常生活の活動性を高め、家庭や社会への参加を促し、QOL（生活の質）の向上を目指すことが重要であるとし、介護予防の考え方として次のように説明しています。

○機能回復訓練などの高齢者本人へのアプローチだけではなく、生活環境の調整や、地域の中に生きがい・役割を持って生活できるような居場所と出番づくり等、（略）　要介護状態になっても、生きがい・役割を持って生活できる地域の実現を目指す。

○高齢者を生活支援サービスの担い手であると捉えることにより、支援を必要とする高齢者の多様な生活支援ニーズに応えるとともに、担い手にとっても地域の中で新たな社会的役割を有することにより、結果として介護予防にもつながるという相乗効果をもたらす。

○住民自身が運営する体操の集いなどの活動を地域に展開し、人と人とのつながりを通じて参加者や通いの場が継続的に拡大していくような地域づくりを推進する。

出典：全国介護保険・高齢者保健福祉担当課長会議（平成26年2月）老人保健課関係・介護予防について　一部改変
(https://www.mhlw.go.jp/file/05-Shingikai-12301000-Roukenkyoku-Soumuka/0000038326.pdf)

　介護予防は地域の実情をよく把握している市町村が中心となって、ボランティア、NPO、民間企業等の多様な主体が生活支援サービスを提供することはもちろんのこと、元気な地域住民の高齢者が生活支援の担い手として活躍することも期待されています。

図表2-1　介護予防・日常生活支援総合事業

○介護予防・生活支援サービス事業

訪問型サービス	要支援者等の居宅において、掃除、洗濯などの日常生活上の支援を行う
通所型サービス	施設において、日常生活上の支援や機能訓練を行う
生活支援サービス	介護予防サービスや訪問・通所型サービスと一体的に行われる場合に効果があると認められる、次の生活支援サービスを行う ○ 栄養改善などを目的とした配食 ○ 定期的な安否確認と緊急時の対応 ○ その他、介護予防と自立した日常生活の支援を目的として市町村が定めるもの
介護予防ケアマネジメント	総合事業のみを利用する要支援者等に対し、サービスを適切に提供できるよう、地域包括支援センターが介護予防ケアマネジメントを実施する

○一般介護予防事業

介護予防把握事業	地域の実情に応じて収集した情報等の活用により、閉じこもり等の支援を要する者を把握し、介護予防活動へつなげる
介護予防普及啓発事業	介護予防活動の普及・啓発を行う
地域介護予防活動支援事業	地域における住民主体の介護予防活動の育成・支援を行う
一般介護予防事業評価事業	介護保険事業計画に定める目標値の達成状況等の検証を行い、一般介護予防事業を評価する
地域リハビリテーション活動支援事業	介護予防の取り組みを機能強化するため、通所、訪問、地域ケア会議、住民主体の通いの場などでリハビリテーション専門職等が助言などを行う

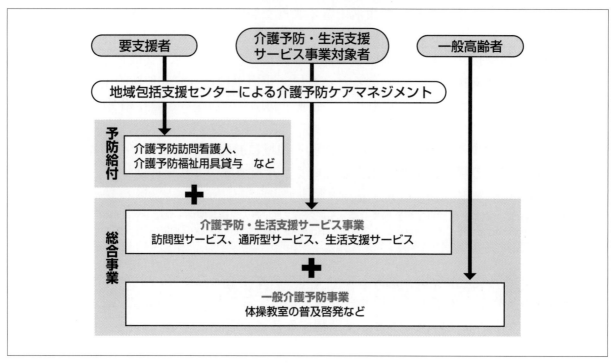

介護予防・日常生活支援総合事業の利用

要支援者

介護予防・生活支援
サービス事業対象者

一般高齢者

地域包括支援センターによる介護予防ケアマネジメント

予防給付

介護予防訪問看護人、
介護予防福祉用具貸与　など

＋

総合事業

介護予防・生活支援サービス事業
訪問型サービス、通所型サービス、生活支援サービス

＋

一般介護予防事業
体操教室の普及啓発など

Ⅲ　介護予防と社会的入院

　医学的には入院の必要がなく、在宅での療養が可能であるにも関わらず、介護の担い手がいないなどの家庭の事情で退院ができない、介護の担い手はいるにも関わらず、引き取りを拒否される、あるいは一人暮らしなので、後遺症があれば動くことができない等の理由により、病院での生活が続く状態を「社会的入院」と呼んでいます。また、介護を受けることが目的の高齢者や、精神障害者の慢性的な入院についても、そのように呼ばれることがあります。

　社会的入院を減らす取り組みも始まっていますが、困難な面もあります。しかし、病院に入院したり、あるいは施設に入所したとしても、医療ケアと介護サービスの連携により、高齢者の自立への支援を通じて家庭や社会復帰を目指し、地域福祉につなげるなど、住民一人ひとりの意識の変革が求められています。

今後の学習のための　キーワード

◎介護予防　　◎健康寿命
◎社会的入院

（執筆：佐藤富士子）

第2章　介護における尊厳の保持・自立支援（10問）

問　題

Q1 「すべて国民は、個人として尊重される」と規定しているのは、日本国憲法第9条である。

Q2 自らの権利を主張することが困難な人に代わって、その権利を主張することを「アドボカシー」（代弁）という。

Q3 QOLとは、Quality of Lifeの略で、一般的に「日常生活動作」と訳される。

Q4 ノーマライゼーションの思想は、社会福祉施設の個室化や、介護サービスの選択権の保障の基礎となっている。

Q5 身体拘束は、緊急やむを得ない場合において認められており、「切迫性」、「非代替性」、「一時性」の3つの要件をすべて満たし、かつ、それらの要件の確認等の手続きが極めて慎重に実施されている場合に限られている。

Q6 高齢者虐待防止法の下では、虐待を行った養護者については、支援の対象には含まれない。

Q7 ケアプランは、個人情報保護法に定める「個人情報」には該当しない。

Q8 個人情報保護法における「個人情報」とは、生存する個人に関する情報が対象である。

Q9 介護における「自立支援」で求められることは、「できる行為を把握し、さらにできる行為を増やす」ことである。

Q10 介護予防の定義は、「要介護状態の発生をできる限り防ぐよう支援すること」なので、要介護状態にある人は介護予防に取り組む必要はない。

解 答

A1 ×（第1節「1　人権と尊厳の保持」）
　日本国憲法において、基本的人権を規定しているのは第13条です。第9条は戦争の放棄を規定しています。

A2 ○（第1節「1　人権と尊厳の保持」）
　アドボカシーとは、代弁者や代弁機能という意味もあり、法律的な権利を擁護してトラブル処理や情報提供を行う「リーガル・アドボカシー」もあります。

A3 ×（第1節「3　QOL（生活の質）」）
　QOLは、一般的に「生活の質」などと訳されています。

A4 ○（第1節「4　ノーマライゼーション」）
　ノーマライゼーションは、障害のある人や高齢者が健常者と同じように、生涯を通じて普通の生活が継続できることを目指しています。

A5 ○（第1節「5　虐待予防・身体拘束禁止」）
　緊急やむを得ない場合に行った身体拘束は、かならず記録に残し、施設で保存します。

A6 ×（第1節「5　虐待予防・身体拘束禁止」）
　高齢者虐待防止法では、虐待を行った養護者も支援の対象としています。虐待を行った家族等を軽蔑したり、批判することは、間違った対応です。

A7 ×（第1節「6　個人の権利を守る制度の概要」）
　ケアプランやサービス内容等の記録はもちろん、利用者の名前が書かれたメモ等も個人情報に該当しますので、取扱いには十分な注意が必要です。

A8 ○（第1節「6　個人の権利を守る制度の概要」）
　個人情報保護法では、亡くなった人の情報は対象外ですが、介護職の倫理では、亡くなった人の情報であっても職務上知り得た情報を守ることは当然のことです。

A9 ○（第2節「1　自立支援」）
　利用者ができる行為を介助することは、その人の自立や意欲の低下を招くおそれがあります。

A10 ×（第2節「2　介護予防」）
　介護予防の定義は、「要介護状態の発生をできる限り防ぐ（遅らせる）こと、そして要介護状態にあってもその悪化をできる限り防ぐこと、さらには軽減を目指すこと」です。

第3章
介護の基本

1　介護環境の特徴

利用者の生活の拠点は、在宅・施設で介護環境は異なりますが、その人らしく生活をしていくことは同じです。それらの環境の特徴を理解して適切な介護を提供しましょう。
ここでは、
①　訪問介護サービス
②　施設介護サービス
③　地域包括ケア
について理解してください。

Ⅰ　訪問介護サービス

1　訪問介護サービスとは

　利用者宅へ直接出向いて、利用者の生活を支援するために介護を行います。介護は訪問介護計画書に基づいて行います。要介護1〜5の利用者は介護給付を受けることとなり、その給付は「要介護状態の軽減と悪化防止に役立つこと」を目的としています。また、要支援1〜2の利用者は「生活機能（生きる力）の維持向上」を目的として介護予防・日常生活支援総合事業において、従来の「介護予防訪問介護」に相当するサービスを受けることとされています。

> **事例1　訪問介護サービスを利用する場合**
>
> 　Bさん（夫・80歳・要介護2）とCさん（妻・78歳）は2人暮らしです。妻は夫の介護をしていましたが、腰痛で介護ができなくなり、訪問介護サービスを利用することにしました。Bさんは、脳梗塞の後遺症で右上下肢にマヒがあり、ベッドからの移乗、排泄はポータブルトイレで介助が必要です。更衣は一部介助、食事は左手で食べています。コミュニケーションは、聞きとりにくい部分もありますが意思表示はできます。子どもは2人で、他県で世帯を持っており、月に1〜2回訪問し、大きな物や重たい物などの買い物や掃除をしてくれます。現在の家には45年住んでおり、近隣との関係も良好、ゴミ出しは近所の方が手伝ってくれます。

　Bさんは、妻の介護を受けながら、このまま家で暮らしたいと思っていました。しかし、妻の腰痛が悪化し、共倒れになってしまうと考え、訪問介護サービスを利用して、2人での生活を続けていこうと、近所の居宅介護支援事業所に連絡をしました。

2　サービス提供責任者による訪問介護計画の作成

　居宅介護支援事業所のケアマネジャーがBさんとCさん夫妻の意向を聞き、アセスメントをしてケアプラン（居宅サービス計画）を作成、訪問介護サービスを利用することになりました。ケアマネジャーは訪問介護サービス事業所に連絡し、サービス提供責任者がBさん宅を訪問しました。

　サービス提供責任者はケアマネジャーの援助の目標に基づき、Bさんの訪問介護計画を作成することにしました。訪問介護計画は、アセスメントから導き出した課題を解決するために、訪問介護サービスの援助の方向性や目標を明確にし、その目標を達成するための内容や方法、留意事項、所要時間などを具体化したものです。これは、利用者がその人らしい生活の継続や介護予防等ができるように、訪問介護員が支援の課題や目標を明確にし、課題を解決するための方法を具体化したものです。利用者は、確認・同意したうえで契約し、訪問介護員は、この訪問介護計画に沿って介護を行います。

3　サービス提供責任者と訪問介護員の連携

　「指定居宅サービス等の事業の人員、設備及び運営に関する基準※」の第28条第3項にサービス提供責任者の責務が規定されています。①訪問介護の利用の申し込みに係る調整をする、②利用者の状態の変化やサービスに関する意向を定期的に把握する、③サービス担当者会議への出席等により、居宅介護支援事業者等と連携を図る、④訪問介護員等に対し、具体的な援助目標及び援助内容を指示するとともに、利用者の状況についての情報を伝達する、⑤訪問介護員等の業務の実施状況を把握する、⑥訪問介護員等の能力や希望を踏まえた業務管理を実施する、⑦訪問介護員等に対する研修・技術指導等を実施する、⑧その他サービス内容の管理について必要な業務を実施することが責務になっています。訪問介護員は、ケアマネジャー、サービス提供責任者との連携のもとで業務を行います。

　サービス提供責任者はBさんの訪問介護計画を作成（上記の「運営に関する基準」第24条で規定）し、Bさんの訪問介護サービスを提供する訪問介護員を決めます。担当の訪問介護員に訪問介護計画について説明し、Bさん宅へ同行訪問し、具体的な援助を行いながら説明します。そして、わからないことや技術について話し合い、訪問介護計画を理解したうえでBさんにサービスを提供できるようにします。

　訪問介護員は、サービスを提供していくうえで困ったことがあったり、Bさんに変化があった場合は速やかにサービス提供責任者に連絡をして、指示やアドバイスを受けながら介護します。

　サービス提供責任者は訪問介護員から、Bさんの状態の変化等を聞き、サービス内容の変更が必要な場合は、ケアマネジャーと連携を図り、Bさんの状態に沿った訪問介護サービスに見直します。訪問介護員は、常にサービス提供責任者に報告・連絡・相談し、連携しながら目標の達成を目指します。

　※「指定居宅サービス等の事業の人員、設備及び運営に関する基準」については、「地域の自主性及び自立性を高めるための改革の推進を図るための関係法律の整備に関する法律」の施行等により、厚生労働省令で定めることとされていた基準について、都道府県条例で定めることになっています。

4　訪問介護サービスの特徴

　訪問介護は、利用者の住まいに出向いて行うサービスですから、利用者の状況把握と同様、住環境等の把握も大切です。住まいの環境は利用者によって異なります。屋内での危険な箇所や段差、床材など、出入り口の様子、近隣との関係、地域住民としてルールが守られているか等も視野に入れていきます。訪問介護サービスは、生活に必要な部分を点のサービスで行います。しかし、生活は継続しているのですから、点と点を結び、線として滞りなくできるよう生活全体を把握しながら提供していきます。

　BさんとCさん夫妻は、今の住まいに子育てのときから住んでいます。近隣との関係も良好で、腰痛のあるCさんはゴミ出しを近隣の人に手伝ってもらい助かっています。サービス提供責任者や訪問介護員は、こうした近隣との良い関係が継続できるように配慮したり地域の情報等を把握してサービスを提供します。

　また、若いときから慣れ親しんでいる住まいでも、身体機能の低下でつまずく危険があるため、安全に移動できる環境整備や声かけが必要です。Bさんにとって思い出がいっぱい詰まった家は、城であり、家庭で作り上げてきた生活習慣が息づいています。それらを理解しつつ、現状の身体状態を把握し、日々の生活の中で、安全に身体を動かす機会を多くして、心身機能の活性化が自然にできるように介護していきます。在宅生活の限界等にも目を向け、生活全体を考えて、Bさんらしい生活が継続できるように介護サービスを提供していきます。

Ⅱ　施設介護サービス

1　施設介護サービスとは

　施設介護サービスは、要介護1〜5の人が利用します。施設介護サービスは、介護が中心か、リハビリテーションを必要としているのか、どの程度医療的なケアが必要かによって、入所する施設を選択して利用します。2015（平成27）年4月から、原則、介護老人福祉施設（特別養護老人ホーム）への新規入所を要介護3以上に限定することになりました。しかし、要介護1・2の方であっても、やむを得ない事情により、特養以外での生活が著しく困難であると認められる場合には、入所が認められることがあります。

　介護老人福祉施設（特別養護老人ホーム）は、常時介護が必要で、自宅での生活が困難な高齢者が入所し、食事、入浴、排泄などの日常生活の介護をします。

　介護老人保健施設（老人保健施設）は、病状が安定している人が自宅へ戻れるよう、リハビリテーションを中心としたケアを行います。医学的な管理の下で、日常生活の介護や機能訓練をします。

　介護医療院は、要介護高齢者の長期療養生活のための施設です。要介護者であって、主として長期にわたり療養が必要である者に対し、施設サービス計画に基づいて、療養上の管理、看護、医学的管理の下における看護及び機能訓練その他必要な医療ならびに日常生活上の世話を行うことを目的にしています。

　生活施設としての機能を併せ持っていることが特徴です。Ⅰ型とⅡ型があり、Ⅰ型は重篤な身体疾患を有する者及び身体合併症を有する高齢者、Ⅱ型はⅠ型に比べて比較的安定した容態の高齢者を利用者像としています。

| 事例2 | 施設介護サービスを利用する場合 |

　Dさん（女性・75歳・要介護4）は、関節リウマチで自宅での暮らしが困難になり、介護老人福祉施設に入所しました。夫（83歳）は要支援2です。自分のことで精一杯で、Dさんの介護ができなくなりました。子どもは長男がいますが別世帯で、夫婦とも仕事を持っており介護はできない状況です。Dさんは、食事、入浴、排泄、その他生活にも常時介護が必要です。コミュニケーションは可能で意思表示も可能です。朝のこわばりがひどく、更衣は時間がかかりますが、長年起床時には着替えをしていました。

　Dさんは、在宅では夫からの介護と在宅サービスを利用して生活していましたが、夫が高齢で介護ができなくなり、また、子どもには子どもの生活を優先してほしいと思っています。関節リウマチは30代後半に発症し、常時介護が必要な状態なので介護老人福祉施設を選び、夫が面会に来やすい自宅の近くに決めました。入所にあたり、子どもにキーパーソンとしての役割を頼みました。

2　施設ケアマネジャー（ケアマネジャー）

　入所の受け入れ業務は相談員が行います。新規入所者の入所前の面接にケアマネジャーも同行し、入所希望者の状況や希望、家族状況や入所前の居住場所、生活習慣などを確認します。最初は暫定ケアプランを作成し、施設に入所して一定期間の生活状況を把握したうえでケアプラン（施設サービス計画）を作成します。

　入所後の生活状況等は、担当の介護職員等が情報収集の役割を果たします。ケアマネジャーは役割分担に基づいて各職種にアセスメント情報等を提供してもらい、ケアカンファレンスに向けた準備をします。各職種と連携しながらケアプランの作成をします。

　Dさんから入所の希望を受け、相談員とケアマネジャーはDさん宅を訪問し、生活状況を聞き、心身状態を把握しました。ケアマネジャーは暫定ケアプランを作成し、入所に向けた準備をしました。ケアマネジャーは、Dさんの入所時に暫定ケアプランの内容を説明し同意を得ました。そして、各職種に生活状況のアセスメントを依頼しました。施設の生活に慣れた頃、ケアプランを作成しました。

　ケアマネジャーは、ケアカンファレンスの前に各職種からのアセスメント等必要な書類を準備します。議事進行を務め、各職種からの意見をまとめます。ケアカンファレンスにDさんや家族が参加できるかどうか確認し、参加できない場合はあらかじめ希望日等を聞いておきます。ケアカンファレンスでは各職種がDさんへの援助目標や方法等を確認しながら、Dさんらしい生活ができるように情報を共有します。

3　他職種との連携

　利用者は個別性が高く価値観も違います。集団生活ですが生活そのものは利用者主体です。介護職員は日常生活の世話を担当しますが、利用者の健康管理、身体機能の訓練等についてはそれぞれの専門職が担当します。利用者の生活はチームケアで支援します。それぞれの専門職は、利用者に関わりながら、利用者がその人らしく生活できるようにしていきます。潜在能力を引き出し、心身機能の活性化を図り、状態の変化を観察します。そして各職種が連携し、利用者の個別のニーズに沿った介護サービスを提供します。適切な介護は各職種の

連携で成り立っています。

　Dさんの場合もそれまでの生活習慣を尊重し、それぞれの職種が連携します。Dさんは関節リウマチがあり、医療面は看護師が、身体機能面は理学療法士が担当します。朝のこわばりがあるものの、起床時の着替えは介護職員が介助してスムーズに行います。

4　施設介護サービスの特徴

　施設にはいろいろな役割があり、従来型、個室・ユニット型などの施設の機能を果たすために、各職種がそれぞれの役割を分担しています。入居者は年々重度化し高齢化の傾向にあります。要介護4〜5の人が多く、24時間の介護を常時必要としている人が入所しています。医療的ケアが必要な利用者もおり、ターミナルケアを希望する利用者も増えてきました。

　施設は365日24時間常時介護を提供します。年間・月間の行事、レクリエーションやクラブ活動等もあります。職員には交代勤務があり、介護職員には夜勤があります。

　利用者は集団生活ですが、一人ひとりのケアプランに沿って個別ケアを行います。また、施設は地域の拠点としての機能を持ち、ボランティア、専門学校や大学等の実習生の受け入れ、地域との関わりなどを通して貢献しています。

Ⅲ　地域包括ケア

　個々の高齢者の状況や変化に応じて、介護サービスを中核に、医療サービスをはじめとするさまざまな支援が、継続的かつ包括的に提供される仕組みを「地域包括ケアシステム」といいます。在宅サービスを複合化・多機能化し、新たな住まいの形を用意することによって、地域包括ケアシステムを構築することが求められています。

今後の学習のための🔑キーワード

◎訪問介護サービス　　◎サービス提供責任者　　◎訪問介護員
◎施設介護サービス　　◎施設ケアマネジャー（ケアマネジャー）
◎他職種との連携　　◎地域包括ケア

（執筆：是枝祥子）

2　介護の専門性

　介護を行うには介護に必要な基本的な知識や技術ばかりでなく、介護職に求められる専門性や職業倫理、介護を必要としている人の個別性を理解し、その人の生活を支える視点から支援できることが必要です。
　ここでは、
① 重度化防止・遅延化の視点
② 利用者主体の支援姿勢、自立した生活を支援するための援助
③ 根拠のある介護
④ 事業所内のチーム、多職種から成るチーム
⑤ 医行為と医療的ケア
について**理解**してください。

Ⅰ　重度化防止・遅延化の視点

1　介護予防の考え方

　介護保険制度では、介護予防という重度化防止の考え方が示されています。①介護を要する状態となっても、できる限り、居宅で自立した生活を営めるようにサービスを提供すること、②介護が必要な状態となることを予防するための健康保持増進、介護が必要な状態になった場合にも、介護サービスを利用した自立した生活のための能力維持、向上を求めることが掲げられています。

　介護保険法第4条第1項（国民の努力及び義務）では、「国民は、自ら要介護状態となることを予防するため、加齢に伴って生ずる心身の変化を自覚して常に健康の保持増進に努めるとともに、要介護状態となった場合においても、進んでリハビリテーションその他の適切な保健医療サービス及び福祉サービスを利用することにより、その有する能力の維持向上に努めるものとする」と条文にあります。

2　遅延化の視点

　人は加齢とともに身体機能が低下する傾向があります。身体は動かさないと機能がより低下するため、身体のレベルに合わせて身体を動かしたり、自分の役割を見つけ、日常生活の中で意識して動かすことが重要です。自分でできることは自分で行うことも大切です。

> 事例　自立を支援するサービスや事業
>
> 　Eさん（夫・82歳・要介護3）は、Fさん（妻・81歳・要支援1）と暮らしています。Eさんは脳梗塞を5年前に発症、リハビリテーション終了後退院して在宅で生活しています。左上下肢マヒで移動、入浴、排泄、更衣は一部介助、食事は自立しています。ベッドから車いす、ポータブルトイレへの移乗介助、車いすは介助が必要です。糖尿病と高血圧症もあり、食事や健康管理に気をつけています。デイサービス（通所介護）を週3回、訪問介護サービスを週1回、訪問看護を月1回利用しています。デイサービスでは機能訓練や口腔機能向上サービスで身体機能の低下予防を行い、入浴で清潔の保持や気分転換をしています。Fさんと在宅で暮らし続けたいと思い、日常生活でもなるべく身体を動かし、趣味の俳句創作などをしています。食事は揚げ物が好きですが、健康状態を考えて少量にしており、たまに晩酌もします。
>
> 　Fさんは、Eさんの好みを理解しながら調理を工夫していますが、介護疲れが出てきて、ショートステイの利用等を考えています。また、子どもが遠方に住んでいるため、緊急時の対応や、いつまで在宅で暮らしていけるのかについて不安を感じています。Eさんの糖尿病や高血圧の悪化についても心配しています。筋力低下の予防のため、通所型サービス（地域支援事業）で生活機能向上のための機能訓練を週1回利用しています。

　Eさんは、日常生活の中で、起床時の着替えを準備しておいてもらい、パジャマの上着を脱ぎ、上着の着替えを自分で行い、ズボンや靴下は介助してもらいます。俳句の創作も筆記用具を準備しておき、ひらめいたときにすぐに書き留めておくようにしています。

　Fさんは、調理や掃除、洗濯等の家事を毎日自分のペースで疲れない程度に行っています。自分たちの生活はなるべく自分たちで行うことで、それぞれの心身機能を最大限活用しています。

　日々の生活の中で、できることは何か、良い方法を考えて自然に身体を動かす機会を作り、役割を担えるように支援することが大切です。

3　意欲を引き出す介護

　高齢や障害で心身機能の低下やマヒなどがあると、安全を優先しがちですが、重度な意識障害がある場合や、病気で体調が悪い場合を除いて、できる限り動くことが大切です。ベッド上での生活は、寝たきり状態が続き、廃用症候群（生活不活発病）になりかねません。少しでも動くことで身体機能が活性化して生活意欲も出てきます。その生活意欲を引き出すことが重度化防止につながります。介護職は利用者の身近で介護するので、利用者の潜在能力に気づき、活用することも介護職の重要な役割です。

Ⅱ　利用者主体の支援姿勢、自立した生活を支えるための援助

1　生活は利用者主体

　生活は一人ひとり違いがあり、それぞれの生活習慣や価値観が伴います。加齢や障害があっても同じです。その人らしい生活ができるように、個々人の生活を作ることは当たり前の

ことで、生活の主体は利用者自身ですから、利用者を主体にした援助が必要です。

　Eさん夫妻の生活をみて、デイサービスの回数を増やし、ゆとりを持った生活ができると考えても、Eさん夫妻がこれまで培ってきた生活から現状の生活になっているため、まずその生活の仕方や考え方を尊重していきます。これまでの利用者の生活を継続できるように支援していくことが介護職の基本です。そのためには、利用者がどのように暮らしてきたのか生活習慣や文化を理解することが大切です。

2　利用者を理解する

　利用者を理解せずに介護はできません。介護は利用者の個別の生活を支援することですから、利用者の個別の生活を理解することから始まります。多様な価値観や趣味、好み、生活習慣のあり方が、利用者自身の「その人らしさ」になっています。つまりそれが個別性なのです。介護職は利用者を一人の主体的な存在として考えていきます。同時に心理的な側面や社会的な側面等も合わせて考え、支援に反映させます。

3　自立を支援する

　高齢や障害、認知症があっても、生活すべてに援助が必要とは限りません。介護職は利用者のできることやできる能力を引き出すことを考えます。

　高齢者は加齢とともに動けなくなり、他者の援助がないと生活できなくなった自分に対し、存在感の喪失や意欲の低下を感じがちです。また、他人の世話や子どもに迷惑をかけたくないという意識が高くなる傾向もみられます。介護職は、最期までその人らしく生活できるよう、潜在能力や可能性を引き出し、それらを活用して、その人らしい自立した生活ができるように支援します。

　自立した生活には、身体的な自立だけではなく、精神的な自立も含まれます。他者から援助を受けていても、自分らしい生活ができるよう、自分で生活の仕方や方法を決定したり、誇りを持って生活することが自立した生活です。

　Eさんはマヒがありますが、デイサービスの機能訓練で筋力の維持・低下の予防を図り、自分の力で起床時の更衣をするなど、なるべく身体を動かしています。Fさんも介護予防に努めています。Eさん夫妻は、サービス等を利用して、自分たちで生活しており、これからも生活していこうとしています。介護職は、Eさん夫妻の体調等を観察し、できるところは自分で行い、夫妻で協力し合いながら生活を継続することで自信を持って自分たちらしく生活できるよう、夫婦の状態を把握し、状態に合わせた介護をします。

4　生命維持を中心とした介護から、その人らしい生活を支援する介護への転換

　人は加齢とともに病気になることが多く、複数の病気を持っている高齢者も少なくありません。病気で治療が必要な場合は、医師や看護師が主体になって生命維持を中心に考えていきます。病気を持つ高齢者は、安静を保ち、再発防止を考えて保護的な受身の生活になりがちです。病院では治療中心の生活で、障害の程度に合わせて目標を設定し、リハビリテーションを行い、身体機能の回復を図ります。目標が達成されると退院となります。

　自宅に戻ると、入院前の身体とは違う自分に戸惑いを感じることがあります。また、再発しないように気をつけたり、筋力低下などで転倒の危険性があるなど、以前の生活との違いが出てきたりします。また、マヒがあっても、病院ではできていたのに、自宅ではできないなど環境面の違いもありますし、他者の援助があってできていた部分もあります。それらを総合的に考えて、身体機能に合った身体の動かし方や、福祉用具の活用、環境整備等で、どのようにすれば生活ができるか、生活の再構築を考えていきます。退院とともに、本来の生活ができるように支援していきます。看護中心から生活中心に考えていきます。

Ⅲ 根拠のある介護

1 介護の原則

　介護の必要な人に対して、尊厳を持って、その人らしい自立した生活ができ、生きてきた過去、生きている現在、明日へ向かって生きていこうとする意欲が持てるように支援することを目的にしています。利用者の自己決定を尊重し、安心して生活できるよう個別性を把握し、知識や技術を基本として、利用者の状況に応じた支援をします。それによって、利用者は自分の能力を活用しながら自分らしく安心して生活ができ、QOLの向上を図っていきます。

2 介護の実践

　介護をするということは、介護をする必要があって行うものです。理由があって介護行為となっているのです。利用者が生活するうえで不自由や、不都合な状況や状態が生じ、それらの理由を把握・解釈・分析し、介護の目的に沿って、知識や技術をその状況や状態に合わせて援助していきます。介護実践は、介護を行うプロセスを明確にして行う行為なのです。そのためには、知識や技術を習得し、それらを応用する能力が必要です。介護実践は根拠に基づいた行為なのです。

3 求められる介護職員像

　2006（平成18）年7月、厚生労働省の「介護福祉士のあり方及びその養成プロセスの見直し等に関する検討会」の報告書がまとめられました。その中で、これからの介護福祉士の人材養成における目標として、「求められる介護福祉士像」があげられました。さらに介護福祉士養成校の卒業時の到達目標「資格取得時の到達目標」が追加され、「尊厳を支えるケアの実践」に向かい、介護福祉士として生涯にわたり自己研鑽していくように方向づけられました。合わせて資格に対しての期待が高められました。

⑴　**尊厳を支えるケアの実践**

　　個人としてのその人の生き方を尊重し、障害や認知症があってもなくても、誰もが同じ人として尊重します。人としての尊厳を大切にしながら、援助を必要としている人に対等に接することが介護サービスの提供者に求められている基本です。

⑵　**現場で必要とされる実践的能力**

　利用者個人の生活の場で、状況や状態に応じて援助します。場面に応じた援助が必要であり、知識や基本介護技術を利用者の個別の状態に合わせて援助していきます。利用者の状況を把握して介護の基本を基盤として応用し、実践を積み重ね、状況において適切に援助します。

⑶　**自立支援を重視し、これからの介護ニーズ、政策にも対応できる**

　利用者が自分でできるところはどの部分なのかを把握し、できる部分や潜在的能力を引き出し、自分でできるように働きかけや環境整備などを工夫して、利用者の有する能力を最大限発揮できるようにします。「どのように援助すると効果的か」などについても第三者にもわかってもらえるようにしていきます。

⑷　**施設、地域（在宅）を通じた汎用性ある能力**

　施設に特化した介護や、在宅のみ活用できる介護ではなく、生活全般を視野に入れ応用できる介護力が必要です。狭い範囲の生活ではなく、利用者個々人の人生、利用者を取り巻く社会という視点で考えていきます。基本に沿って応用できる力が必要です。

⑸　**心理的・社会的支援の重視**

　生活をするための身体介護や生活支援は当然のことですが、同様に心理的側面や社会的側面からの支援も重要です。介護が必要になると、目に見える介護が優先されがちですが、社会の構成員としての意識や存在感が保持できるように配慮します。

⑹　**予防からリハビリテーション、看取りまで、利用者の状態の変化に対応できる**

　現状の心身状態を低下させないように、介護予防や身体機能の維持や向上のためのリハビリテーションを適切に行います。また、人生の最期に満足できるような看取りの介護、急変時の対応、予防から終末まで、多様な援助ができるよう知識や技術の習得が必要です。

⑺　**他職種協働によるチームケア**

　利用者のニーズは多様であるため、多くの専門職が必要です。ニーズの変化に伴い援助は変化します。その都度、適切なチームと連携・協働しながらサービスを展開していきます。自分だけで抱え込むのではなく、それぞれの専門性を活用して支援していきます。

⑻　**一人でも基本的な対応ができる**

　介護はチームで行います。チームの一員としての役割を理解し、チームのメンバーや他職種と協働します。しかし、実際の場面は一人で行うことが多く、利用者に、なぜこの介護を提供するのかを理解してもらい援助目標に沿って援助します。介護を行う根拠を意識しながら援助します。

⑼　**「個別ケア」の実践**

　利用者のこれまでの生活は一人ひとり違います。その違いを理解しながらその人らしい生活が継続できるように援助します。その人らしさは利用者のこれまでの生活で培ってきた生活習慣や価値観ですので、それらを尊重して介護に取り入れていきます。

⑽　**利用者・家族、チームに対するコミュニケーション能力や的確な記録・記述力**

　介護は見えない部分が多いことがあります。その見えない部分を可視化する必要があります。行った介護を記録し、適切な介護を提供した証とします。ケアの統一を図ったこと、チームケアの一環として、専門職としての責務や連携など他職種に伝えるために記録として残します。

⑾　**関連領域の基本的な理解**

　利用者の生活は多岐にわたっています。利用者の人生を支援するためには、介護だけではなく、利用者の生活に関連する制度や、地域・社会状況等の理解も必要です。それらの情報を的確に収集し、利用者が社会の一員として生活できるよう活用します。

⑿　**高い倫理性の保持**

　介護は利用者の生活を支援することですから、利用者のプライバシーに関わることでもあります。介護職の関わり方は利用者の生活の質を左右することにつながります。生活に関わる専門職として常に高い倫理性を身につけて実践します。

Ⅳ　事業所内のチーム、多職種から成るチーム

1　チームケアの重要性

　利用者の生活はチームで関わっており、それぞれの専門職が専門性を駆使して支援しています。介護サービスはケアマネジメントを経て実践されます。介護保険制度では介護支援専門員（ケアマネジャー）がケアプランを作成し中核となり、各専門職が連携してサービスを提供します。

2　事業所内のチーム

　各事業所は、必要なサービスをどのように提供するか、ケアプランの目標と連動して提供します。訪問介護事業所であれば、ケアプラン（居宅サービス計画）の目標に沿って、サービス提供責任者が訪問介護計画を作成し、訪問介護員が説明を受け、同行訪問して留意点等を確認してサービスを提供します。訪問介護員はサービス提供責任者と密に連携し、報告・連絡・相談しながら介護サービスを提供します。事業所内でのケアカンファレンスや研修等に参加し、必要な知識や技術を習得し、適切な援助ができるようにします。

3　多職種から成るチーム

　事例のEさんへの援助は介護職員、サービス提供責任者、ケアマネジャー、デイサービスの職員、ショートステイの職員、看護師、理学療法士、医師、栄養士等が関わっています。Eさんらしく生活するために、それぞれの専門職が専門性を発揮し、連携・協働してEさんの生活を支えています。多職種が一つのチームとして介護を展開しています。

医行為と医療的ケア

1　医行為

　医師の医学的判断および技術を持って行う行為で、医師・歯科医師・看護師などの免許を有している者が行う行為を医行為といいます。医師法等に基づいて行われています。介護職は行うことはできません。

2　看取りケア・医療的ケア（例：たんの吸引等）

　介護職は、看取りケアや医療的ケアの必要な利用者へも関わります。看取りケアや医療的ケアの必要な利用者は医療職との連携が必須です。また、利用者の状態が急変したとき、看護師や医師などに迅速に連絡することが大切であり、急変時の対応が必要な場合もあります。利用者の命を守るために、これらを理解して対応できるようにしておきます。

3　介護職員等によるたんの吸引等の実施

　たんの吸引・経管栄養は、医行為に該当しますが、例外として、従来一定の条件下（本人の文書による同意、適切な医学的管理等）で特別養護老人ホームの介護職員による実施が容認されていました。今後、看取りケアや医療的ケアの必要な利用者が増えてくる傾向があります。社会福祉士及び介護福祉士法の改正により、介護福祉士および一定の研修を受けた介護職員等は、一定の条件の下で、たんの吸引等の行為を実施することができるようになりました。

今後の学習のためのキーワード

◎介護予防　　◎自立した生活　　◎その人らしい生活
◎根拠のある介護　　◎求められる介護職員像
◎チームケア　　◎個別ケア　　◎医行為と医療的ケア

（執筆：是枝祥子）

3　介護に関わる職種

異なる専門性を持つ専門職種が、それぞれの専門性を発揮し連携・協働して利用者の生活を支援しています。
ここでは、
① チームにおける役割分担
② 介護に関わる職種の機能と役割
について理解してください。

Ⅰ　チームにおける役割分担

事例　チームで一人暮らしの高齢者を支援する場合

　Ｇさん（83歳・女性・要介護１）は一人暮らしです。夫は１年前に他界。子どもは長女（60歳）１人、車で１時間の所に嫁いでいます。長女の夫の両親も介護が必要で、Ｇさん宅へは週１回訪問し買い物をします。Ｇさんは加齢とともに心身機能が低下し、家事ができなくなり、歩行もふらつきが目立ってきました。訪問介護サービスは週４回の調理・掃除、月に１回通院、デイサービス（通所介護）は週３回利用しています。デイサービスでは機能訓練、栄養改善サービス、口腔機能向上サービスを活用し、社会的孤立の防止や身体機能の低下防止を目指しています。Ｇさんは、このまま家で暮らしたいと願っていますが、身体の衰えを感じ不安感も増しています。ときどき民生委員の訪問があります。長女はもっとＧさんの世話をしたいと思っていますが、夫の両親の介護もあり、週１回訪問することで精一杯で、Ｇさん同様今後について不安を感じています。

　Ｇさんの生活を支えている職種をみると、一人暮らしが不自由になり、長女が近くの居宅介護支援事業所に電話をしました。在宅サービスを利用するにあたり、介護支援専門員（ケアマネジャー）がケアプランを作成し、サービス担当者会議を開催、援助方針や援助内容を共有しサービスが開始されました。訪問介護ではサービス提供責任者が訪問介護計画を作成し、訪問介護員が計画に沿ったサービスを提供しています。デイサービスでは相談員（社会福祉士等）が計画書を作成し、日常生活上の支援を介護職員等が担当、機能訓練は理学療法士、栄養改善サービスは看護師・栄養士、口腔機能向上サービスは歯科医師、歯科衛生士が担当しています。病院では医師・看護師・薬剤師が関わっています。Ｇさんの生活には多くの専門職の支援があり、それぞれが役割を果たすことで、Ｇさんらしい生活が成り立っています。

Ⅱ　介護に関わる職種の機能と役割

(1)　介護支援専門員（ケアマネジャー）

　介護支援専門員は、介護保険法に基づき、介護支援サービスを提供する要の役割として位置づけられました。要介護者等からの相談に応じ、要介護者等の心身の状況等に応じて適切な居宅サービスまたは施設サービスや総合事業などが利用できるよう、事業者等との連絡調整を行います。要介護者等が自立した日常生活を営むのに必要な援助に関する専門的知識や技術を持ち、介護支援専門員証の交付を受け、サービスの調整や介護保険給付の管理を行います。

(2)　介護職員

①　訪問介護員（ホームヘルパー）

　訪問介護員は、介護が必要な利用者宅へ直接訪問して、身体介護、生活援助等、在宅分野で介護を行います。

②　施設の介護職員

　施設では、24時間365日入所している高齢者を支えています。入浴、排泄、食事など、さまざまな援助を通して日常生活を支えています。ショートステイやデイサービスを行っている施設もあります。

　入所施設の場合、夜勤があり、業務は交代制の勤務です。

※介護福祉士については、第3章ー2「1　介護職の職業倫理」を参照してください。

(3)　社会福祉士

　社会福祉士は、社会福祉士及び介護福祉士法によって制度化された相談援助専門職です。社会福祉サービスを必要とする人に対して、権利擁護や自立支援の視点から相談・助言・指導をする対人援助の専門職で国家資格（名称独占）です。病院の医療相談室のソーシャルワーカー、福祉施設の生活相談員や生活指導員、福祉事務所のケースワーカー、地域包括支援センターの職員などとして働いています。

(4)　精神保健福祉士

　精神保健福祉士は、精神保健領域のソーシャルワーカーで、保健と福祉にまたがる専門職で国家資格（名称独占）です。精神障害者の保健・福祉に関する専門知識や技術を持ち、地域相談支援の利用に関する相談を行います。その他、社会復帰に関する相談に応じ、助言、指導、日常生活への適応のために必要な訓練や援助を行います。精神科医療機関、作業所、グループホーム、保健所、精神保健福祉センターなどで活躍、精神科デイケアではグループワーカーとして活動しています。

(5)　医　師

　医師は業務独占の国家資格で、医師免許が必要です。医師法第17条で「医師でなければ医業をなしてはならない」と定められています。医師だけが、診断、投薬（注射）、手術、生理学的検査などを行うことができ、それ以外の人が診断や治療はできません。しかし、医師だけですべての診療行為をすることは困難なため、例えば看護師や理学療法士等、医療関係の国家資格者は、医師の指導監督下で業務を行うことができると法律で定められています。

(6)　看護師

　看護師は、厚生労働大臣の免許を受けて、傷病者もしくはじょく婦に対する療養上の

世話または診療の補助を行うことを業とする者をいうと保健師助産師看護師法第5条に定められており、業務独占の国家資格です。看護師でない者は、看護師又はこれに紛らわしい名称を使用してはならないという名称独占の資格でもあります。医療機関では患者の日常生活援助や治療に伴う処置を行い、保健所や行政で地域の人の健康の保持増進や、企業では働く人の健康管理や健康相談、訪問看護ステーションで在宅療養への援助等の業務を行います。2014（平成26）年6月、「地域における医療及び介護の総合的な確保を推進するための関係法律の整備等に関する法律」が成立し、「特定行為に係る看護師の研修制度」が法制化されました。

⑺ 保健師

保健師は、厚生労働大臣の免許を受けて、保健師の名称を用いて、保健指導に従事することを業とする者をいうと保健師助産師看護師法第2条に定められています。名称独占の国家資格で、看護師の業務「療養上の世話または診療の補助」を行うことができます。感染症・結核・精神障害者・生活習慣病・妊産婦・乳幼児を対象とした家庭訪問・保健指導、地域をベースとした健康診断の開催・健康相談・健康教育を仕事とし、保健所や市町村、医療機関、福祉施設、学校、企業で活躍しています。

⑻ 助産師

助産師は、厚生労働大臣の免許を受けて、助産又は妊婦、じょく婦もしくは新生児の保健指導を行うことを業とする女子をいうと保健師助産師看護師法第3条に定められています。業務独占の国家資格であり、名称独占の国家資格でもあります。医療機関、保健所、その他において、妊娠、出産、産褥期のケアや助言、分娩を介助し、新生児や乳児のケアを行います。

⑼ 理学療法士（PT）

理学療法士は、厚生労働大臣の免許を受けて、医師の指示の下に、理学療法を行うことを業とする者で、理学療法士及び作業療法士法による国家資格です。身体に障害のある人に対し、主としてその基本的動作能力の回復を図るため、治療体操その他の運動を行わせ、および電気刺激、マッサージ、温熱、その他の物理的手段を加え運動機能の維持や回復訓練をします。医療機関、リハビリテーションセンター、介護老人保健施設、介護老人福祉施設、訪問リハビリテーション等で活躍しています。

⑽ 作業療法士（OT）

作業療法士は、厚生労働大臣の免許を受けて、医師の指示の下に、作業療法を行うことを業とする者で、理学療法士及び作業療法士法による国家資格です。身体に障害のある人や精神障害者、知的障害者、発達障害者などに対し、主としてその応用的動作能力や社会的適応能力の回復・改善を図るため、手芸、工作その他の作業を通して日常活動を援助します。病院、診療所、リハビリテーションセンター、介護老人保健施設、介護老人福祉施設、訪問リハビリテーション等で活躍しています。

⑾ 言語聴覚士（ST）

言語聴覚士は、言語聴覚士法に定められた国家資格で、厚生労働大臣の免許を受けて、音声機能、言語機能又は聴覚に障害のある人に対し、機能の維持向上を図るため、言語訓練その他の訓練、これに必要な検査や助言・指導を行うことが仕事です。病院、リハビリテーションセンター等、療育施設、教育機関などで活躍しています。脳卒中による失語症、聴覚障害、言葉の発達の遅れ、発音の障害、言葉によるコミュニケーション障害、摂

食・嚥下に障害のある人等を援助しています。

(12) 薬剤師

薬剤師は、薬剤師法に定められた国家資格で、厚生労働大臣の免許を受けて、調剤、医薬品の供給や薬事衛生をつかさどり、公衆衛生の向上や増進に寄与して健康な生活ができるようにすることが業務です。調剤は薬剤師だけが行う独占業務です。薬局や病院・診療所等が職場で、調剤業務や服薬指導等を行っています。

(13) 栄養士

栄養士は、栄養士法に基づき、都道府県知事の免許を受け、栄養士の名称を用いて栄養の指導を行うこと業務とします。食物栄養の専門職で、生活環境や身体の状態に合わせた献立をつくり、栄養指導をし、食生活を支えます。学校給食、病院、保健所などで活躍しています。

(14) 管理栄養士

管理栄養士は、栄養士と同様に栄養指導をしますが、さらに高度な専門的知識に基づいた指導を行うとともに、栄養士の指導等も行う国家資格です。栄養を考慮した献立の作成、調理、衛生管理、高度な専門知識に基づいた栄養指導による生活習慣病の予防・治療、食に関する管理業務、研究開発や教育機関での学習指導等を行っています。学校給食、医療機関、保健所・保健センター、福祉施設、外食産業、食品メーカーなどで活躍しています。

(15) 准看護師

准看護師は、都道府県知事の免許を受けて、医師、歯科医師、看護師の指示を受け療養上の世話や診療の補助を行います。

(16) 歯科衛生士

歯科衛生士法に基づく国家資格で、厚生労働大臣の免許を受け、歯科医師の指導の下に、歯牙、口腔疾患の予防処置としての歯牙付着物の除去、薬物の塗布、歯科診療の補助、歯科保健指導を行います。

(17) 民生委員

民生委員法に基づき、各市町村に置かれる民間奉仕者です。都道府県知事または政令指定都市もしくは中核市の市長の推薦により厚生労働大臣が委嘱し、任期は3年。市町村の区域内において、担当の区域や事項が定めてあります。職務は、常に調査を行い、住民の生活状態を把握しておくこと、援助を要する人に助言その他の援助を行うこと、福祉事務所やその他の関係機関の業務に協力することなどがあります。

今後の学習のための キーワード

◎介護支援専門員（ケアマネジャー）
◎訪問介護員（ホームヘルパー）　◎社会福祉士
◎精神保健福祉士　◎医師　◎看護師　◎保健師
◎助産師　◎理学療法士（PT）　◎作業療法士（OT）
◎言語聴覚士（ST）　◎薬剤師　◎栄養士　◎管理栄養士
◎准看護師　◎歯科衛生士　◎民生委員

（執筆：是枝祥子）

1 介護職の職業倫理

　職業にはいろいろありますが、各職業にはそれぞれ独自の倫理やあるべき姿があります。それらの職業倫理は、職業として行動するときの行動規範でもあります。介護職としての社会的責任や姿勢について理解・実践する必要があります。
　ここでは、
① 法令遵守
② 利用者の個人の尊厳と介入
③ 日本介護福祉士会の倫理綱領
について理解してください。

Ⅰ　法令遵守

1　法令遵守

　介護職は介護保険法、社会福祉士及び介護福祉士法等に基づいて業務を行っていますので、その法令を遵守することは当然です。2007（平成19）年12月に、社会福祉士及び介護福祉士法の改正が行われ、「定義規定の見直し」「義務規定の見直し」がなされました。

(1) 定義規定の見直し

　社会福祉士及び介護福祉士法の第２条第２項（定義）で、従来の介護は「入浴、排せつ、食事その他の介護」と定義されていましたが、介護保険制度の導入や障害者総合支援法の制定等、認知症の介護など、新たな介護サービスへの対応が必要になりました。身体介護だけでは対応しきれない介護・福祉ニーズの多様化・高度化に対応するために業務内容を「心身の状況に応じた介護」に改めました。

(2) 義務規定の見直し

　改正前の「信用失墜行為の禁止」「秘密保持義務」および「名称の使用制限」に「誠実義務」「資質向上の責務」が追加され、「連携」の内容が改正されました。

（誠実義務）第44条の2
　　社会福祉士及び介護福祉士は、その担当する者が個人の尊厳を保持し、自立した日常生活を営むことができるよう、常にその者の立場に立つて、誠実にその業務を行わなければならない。

（信用失墜行為の禁止）第45条
　　社会福祉士又は介護福祉士は、社会福祉士又は介護福祉士の信用を傷つけるような行為をしてはならない。

（秘密保持義務）第46条

　　社会福祉士又は介護福祉士は、正当な理由がなく、その業務に関して知り得た人の秘密を漏らしてはならない。社会福祉士又は介護福祉士でなくなつた後においても、同様とする。

（連携）第47条第2項

　2　介護福祉士は、その業務を行うに当たつては、その担当する者に、認知症（介護保険法（平成9年法律第123号）第5条の2に規定する認知症をいう。）であること等の心身の状況その他の状況に応じて、福祉サービス等が総合的かつ適切に提供されるよう、福祉サービス関係者等との連携を保たなければならない。

（資質向上の責務）第47条の2

　　社会福祉士又は介護福祉士は、社会福祉及び介護を取り巻く環境の変化による業務の内容の変化に適応するため、相談援助又は介護等に関する知識及び技能の向上に努めなければならない。

(3)　名称独占
（めいしょうどくせん）

　　社会福祉士及び介護福祉士法第48条第2項により、介護福祉士の有資格者だけが「介護福祉士」という名称を使用できることになっています。これを「名称独占」といいます。

（名称の使用制限）第48条第2項

　2　介護福祉士でない者は、介護福祉士という名称を使用してはならない。

2　介護保険法等における介護職の役割

　　社会福祉士及び介護福祉士法により、介護の専門職として介護福祉士が位置づけられました。介護保険制度では、訪問介護は「介護福祉士その他政令で定める者により行われる」と定められ、訪問介護員の介護の専門職としての立場が明確化されました。

　　社会福祉士及び介護福祉士法が2007（平成19）年に改正され、従来の「入浴、排せつ、食事その他の介護」から「心身の状況に応じた介護※」になり、多様な利用者への援助、つまり個別ケアを目指しています。介護保険制度では、「要介護状態になった高齢者が尊厳を保持し、その有する能力に応じ自立した日常生活を営むことができるよう」にサービスを提供することとなっています。利用者の尊厳を守り、自立した生活ができるように、状況に応じた適切な援助を行うことになります。そのためには、介護保険制度について理解し、利用者を主体にした個別サービスを提供することが介護職の役割です。

※2011（平成23）年の社会福祉士及び介護福祉士法の改正により、下線部分が定義規定に挿入されました。心身の状況に応じた介護（喀痰吸引（かくたんきゅういん）その他のその者が日常生活を営むのに必要な行為であって、医師の指示の下に行われるもの（厚生労働省令で定めるものに限る。以下「喀痰吸引等」という。）を含む。）

3　Ｈさんへの援助と対応

事例　**認知症の高齢者を支援する場合**

　Ｈさん（女性・80歳・要介護１）は、一人暮らしです。夫は５年前に他界。右大腿骨頸部骨折（だいたいこつけいぶ）によるリハビリテーション終了後に退院し、半年経ちました。子どもは長女、次女の２人で別世帯です。長女（55歳）は遠方で年に２回、隣県に住んでいる次女（52歳）は、勤めがあるため月に１回訪問しています。在宅サービスは訪問介護を週２回、デイサービスを週１回利用しています。近隣とも関係がよく、買い物やゴミ出しを手伝ってもらっています。趣味は俳句で月に１回友人の誘いで出かけています。料理が得意なので、材料があれば自分で調理しますが、最近火の消し忘れがあり、自分でも気にしています。俳句の友人と待ち合わせをしたときにＨさんが時間を忘れてしまい、句会に遅れたことで友人との関係が気まずくなっています。

　最近Ｈさんの物忘れが目立ってきて、生活に支障が出てきました。ある日、Ｈさん担当の訪問介護員は、訪問介護サービスが終わり帰ろうと玄関を出たところで隣人に会いました。隣人は「Ｈさん、この間火の消し忘れがあったみたいだけど…、娘さんは知っているのかしら？　少しボケてきたのではないかしら？　もっと頻繁に（ひんぱん）ヘルパーさんが入らないと、近所の人たちも何か起きるかもしれないと心配しているのよ」と言われました。訪問介護員は「Ｈさんは元気ですよ」とだけ答えました。そして訪問介護員は、事業所内の研修で行った認知症についての資料を読み返し、Ｈさんの状態を細かく観察して記録することにしました。

　サービス提供責任者は、訪問介護員からの報告を受け、医療との連携や家族とも相談する必要があると判断し、ケアマネジャーに連絡してカンファレンスの開催を依頼しました。

Ⅱ　利用者の個人の尊厳と介入

　Ｈさんは一人暮らしで、認知症の症状がみられるようになり、生活に支障が出ています。訪問介護員は訪問介護サービスの中で決められたサービスを提供しています。訪問介護員は週２回のサービス時に、Ｈさんが食事をきちんと食べられないまま、手元にあるお菓子などを時間に関係なく食べていることや、掃除ができずにゴミも散乱（さんらん）している状態が続いていることが気になっていました。

　また、訪問介護員は、仕事が終わって家にいてもＨさんのことがずっと気になっていました。訪問介護員は、自宅で煮物をたくさん作ったので、「本当は良い対応ではない」と自覚していましたが、それほどＨさん宅まで遠くもなかったことから、届けに行くことにしました。隣人もＨさんのことが気になり、惣菜（そうざい）を届けに来て掃除をしていました。隣人は、訪問介護員に「この状態でひとりにしておくのはおかしい、娘さんは何を考えているのかしら？　あなたもそう思うでしょう」と指摘するので、「そうですよね」と会話の成り行きから言ってしまいました。

　数日後、Ｈさんを担当していた他の訪問介護員にバスの中で偶然に会いました。そのとき「Ｈさんは元気？」と聞かれたので、つい現状をそのまま伝えてしまいました。

　その後サービス提供責任者から呼び出しがあり事業所に行くと、「Ｈさんの件で話を聞き

たい」と言われました。「煮物を届けたことが良くなかったのかな?」と頭をよぎりました。サービス提供責任者から、①訪問介護サービス日以外に訪問して不必要な関心・介入をしたこと、②隣人(りんじん)の話に乗って、その内容に同意をした行為は、利用者の尊厳ある生活を脅(おびや)かしたこと、個人情報の保護を守らなかったことに該当すること、③他の訪問介護員に現状を伝えたことは、秘密保持義務(ひみつほじぎむ)を怠(おこた)ったことに該当すること、同じ事業所の訪問介護員であっても、カンファレンス等利用者の援助の検討以外に知り得た情報を漏(も)らしてはいけないこと、④訪問介護員としての働く姿勢を考えてほしいこと等を厳しく言われました。また、利用者の状況や状態の変化については、サービス提供責任者に適切に連絡することを何度も言われました。

　注意された訪問介護員は、自分としては、訪問介護員として事業所の考え方などを理解しているつもりでしたが、利用者の状況から私的な感情を持ってしまったことに気がつきました。そして、仕事としての意識が薄れていたことを反省し、事業所の冊子(さっし)や研修ノートを読み返しました。

　訪問介護は、直接利用者の生活を援助するため、私的な感情が入りやすい傾向があります。「何のためにこのサービスを提供しているのか、目標を意識して観察視点などを明確に持ち援助していくことが大切だ」と、訪問介護員は自覚しました。

Ⅲ 日本介護福祉士会の倫理綱領

　日本介護福祉士会の倫理綱領(りんりこうりょう)は、介護福祉士としての倫理ですが、介護福祉士でなくとも介護を専門とする人も同様です。前文では、「介護福祉ニーズを有するすべての人々が、住み慣れた地域において安心して老いることができ、そして暮らし続けていくことのできる社会の実現を願っています」と明記されています。

(1) 利用者本位、自立支援

　利用者本位の介護を提供するためには、利用者の自己決定を何よりも尊重することが大切です。生活の主体は利用者で、一人ひとりの利用者のニーズに合わせて介護を提供します。そのために、アセスメントを行い、介護計画の作成など介護過程(かいごかてい)を踏まえて介護することが必要です。

(2) 専門的サービスの提供

　専門職として常に自己研鑽(けんさん)を継続し、資質向上(ししつこうじょう)に努め、自分の行ったサービスが最善のものになるように介護サービスに対して責任を明確にすることが必要です。自分の知識・技術・倫理観を高めていきます。

(3) プライバシーの保護

　介護は信頼関係のうえに成り立つ業務です。業務を通して、利用者や家族の情報を知り得る立場にもあり、情報を知らないとできない業務もあります。利用者や家族の信頼を裏切らないことや、契約によるサービスで、利用者保護の観点(かんてん)からも、知り得た個人情報を漏らしてはいけません。

(4) 総合的サービスの提供と積極的な連携(れんけい)・協力

　利用者の生活は多岐(たき)にわたっていますので、利用者の生活を支援していくには、介護職だけではなく、他職種との連携が必要です。ほかの専門職の役割などの理解が必要であり、

チームをマネジメントする能力も必要です。

⑸　利用者ニーズの代弁

　　利用者の身近にいる介護職は、利用者の気持ちを理解し利用者が伝えたいことを代弁して、期待に応えることも必要です。また、ニーズを引き出し、周りの人たちへ理解を促す役割もあります。そのためには、観察力や洞察力が必要です。

⑹　地域福祉の推進

　　職場だけの役割にとどまらず、自分が生活する地域においても介護問題を解決していくために、住民と接し介護相談やボランティア活動、介護技術のアドバイスなど、介護の専門性を発揮し、地域の介護力の強化に寄与します。

⑺　後継者の育成

　　介護の質の向上に向け、自己研鑽と生涯学習に取り組むとともに、人々が将来にわたり安心して介護が受けられるよう後輩を育成します。また、社会からの認知度を高められるように、専門職として専門性を高めていくことが重要です。

今後の学習のための キーワード

◎法令遵守　　◎秘密保持義務　　◎尊厳　　◎利用者本位
◎プライバシーの保護

（執筆：是枝祥子）

第3章─2

1　介護職の職業倫理

1 介護における安全の確保

介護サービスの提供にあたっては、どんなに注意をしていても車いすからの転落などの介護事故が発生することは避けられません。これらの事故を予防する万全の対策を講じる必要があります。
ここでは、
① 介護における安全確保の重要性
② リスクマネジメント
③ リスクマネジメントにおける重要な要素
について理解してください。

Ⅰ 介護における安全確保の重要性

1 介護職の責務

　介護職は、利用者の尊厳を尊重し、より自分らしく生活していくことを支援するために、専門職としての正しい知識や技術を身につけるだけでなく、利用者の生活に深く関わるため、倫理的な側面も身につける必要があります。

　また、利用者は要介護高齢者であることがほとんどなので、そもそも事故の発生する確率が高く、事故が発生した場合、重症となり生命に危険が生じる可能性も高いため、安全への配慮をすることは介護に携わる者の責務です。

2 介護保険制度上の規定

　上記で述べたことは、介護保険制度上でも守るべき義務として規定されています。
（※　地域主権改革一括法等の施行により、これまで厚生労働省令で全国一律に定めることとされていた老人福祉法や介護保険法上の事業所や施設の人員、設備、運営基準を、都道府県または市町村の条例で定めることになりました。）

「指定居宅サービス等の事業の人員、設備及び運営に関する基準」

（平成11年厚生省令第37号）

第37条（事故発生時の対応）
　　指定訪問介護事業者は、利用者に対する指定訪問介護の提供により事故が発生した場合は、市町村、当該利用者の家族、当該利用者に係る居宅介護支援事業者等に連絡を行うとともに、必要な措置を講じなければならない。
2　指定訪問介護事業者は、前項の事故の状況及び事故に際して採った処置について記録しなければならない。
3　指定訪問介護事業者は、利用者に対する指定訪問介護の提供により賠償すべき事故が発生した場合は、損害賠償を速やかに行わなければならない。

第3章
―
3

1

介護における安全の確保

「指定介護老人福祉施設の人員、設備及び運営に関する基準」

(平成11年厚生省令第39号)

第35条（事故発生の防止及び発生時の対応）
　　指定介護老人福祉施設は、事故の発生又はその再発を防止するため、次の各号に定める措置を講じなければならない。
　一　事故が発生した場合の対応、次号に規定する報告の方法等が記載された事故発生の防止のための指針を整備すること。
　二　事故が発生した場合又はそれに至る危険性がある事態が生じた場合に、当該事実が報告され、その分析を通じた改善策を従業者に周知徹底する体制を整備すること。
　三　事故発生の防止のための委員会及び従業者に対する研修を定期的に行うこと。
　2　指定介護老人福祉施設は、入所者に対する指定介護福祉施設サービスの提供により事故が発生した場合は、速やかに市町村、入所者の家族等に連絡を行うとともに、必要な措置を講じなければならない。
　3　指定介護老人福祉施設は、前項の事故の状況及び事故に際して採った処置について記録しなければならない。
　4　指定介護老人福祉施設は、入所者に対する指定介護福祉施設サービスの提供により賠償すべき事故が発生した場合は、損害賠償を速やかに行わなければならない。

Ⅱ　リスクマネジメント

　リスクマネジメントとは、一般的には、「組織の経営目標の達成を妨げる恐れがある事象および行為を認識・理解し、リスクをとるかどうかを決定し、とるリスクを管理する一連の活動」とされています。福祉、介護分野においては、「利用者の安全を最大の眼目としたうえで、サービスの質の向上と利用者満足度の向上を目指す活動」とされています。危険や事故を事前に予測・予見し、適切な予防措置（よぼうそち）をとり、その結果、危険や事故の発生をできる限り回避することです。

　リスクマネジメントとは、その言葉のとおり、リスク（危険）をマネジメント（管理）することなので、サービスを提供する側からの視点です。ただし、提供する側だけで実現できるものではなく、利用者やその家族の協力も必要です。これについては後ほど触れます。

　このリスクマネジメントが不十分では、組織に対する社会的信用を失い、事業の継続そのものが危ぶまれるような結果を引き起こす可能性もあります。

1　リスクとハザード

　ここでいうリスクとは「危険」、ハザードとは「事故要因」のことです。ハザード（事故要因）は潜在的（せんざい）なものも含めて数多くあります。

2　リスクマネジメントの必要性

　事故に結びつく要因を探り、未然に防ぐよう予測して回避（かいひ）する技術と、事故が発生した場合でも、その影響を最小限にとどめ、安全を確保することで、サービスの質の向上につながります。

このことは「PDCAサイクル」を回すことを指します（図表3－1）。PDCAサイクルとは、発生の不確定なリスクを認識したうえで、対応策を検討・準備し（Plan：計画）、事故を未然に防止するとともに、実際に事故が発生したときには、迅速かつ適切に対応（Do：実行）して被害を最小限にとどめ、その事故がなぜ起こったのか、どのようにすれば防げたのかを検討し（Check：検証）、さらにその後、改善策を講じて再発を防止する（Action：改善）という循環のことです。

このサイクルを回すことで、事故発生のリスクは大幅に減少します。この仕組みが「リスクマネジメント」です。

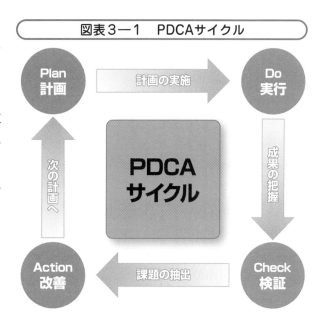

図表3－1　PDCAサイクル

なお、「リスクを防ぐ」ために、利用者の日常生活や社会的活動を制限することは適当ではありません。利用者の尊厳の保持や、利用者の自立支援を実現することは、介護保険法第1条の「目的」のなかにも明記されています。「安全確保」を理由に、身体拘束や行動を制限することがあってはなりません。

また、「苦情（クレーム）」もリスクのなかに含まれると考えられます。苦情があった場合、単に「クレーマー」への対応として処理するのではなく、事故防止のための積極的な情報としてサービスの質の向上につなげることが必要です。

Ⅲ　リスクマネジメントにおける重要な要素

リスクマネジメントにおいては、いくつかの重要な要素があります。そのなかでも、組織としてのリスクコントロール、個々の介護職の正確な知識や技術、また、利用者や家族との日常的なコミュニケーションがあげられます。

1　アセスメント

アセスメントとは、福祉、介護の分野では、介護過程の第1段階において、利用者が何を求めているのかを正しく知ること、それが生活全般のなかのどのような状況から生じているかを確認することです。具体的には、援助活動を行う前に行われる評価と、利用者の問題の分析から利用者のニーズの明確化までを指します。つまり、援助活動に先立って行われる一連の手続きのことで、「事前評価」ともいいます。

利用者の状態の正確な把握、自立支援のための方策、利用者や家族の意思等を適切にアセスメントすることは、リスクマネジメントの重要な要素の一つであるといえます。管理職やサービス提供責任者は、このアセスメントの段階で、潜在的なリスクを顕在化させ、回避するためのマネジメントを行う役割を担っています。

なお、アセスメントのプロセスにおいては、実際にサービスを提供している介護職員等が日々

どのようなリスクに直面しているかを管理職やサービス提供責任者等と、共に考えることが重要です。サービス現場の実態を正確に把握〔はあく〕し、チームで継続的に取り組むことが必要です。

2　リスクに対応できる組織

(1)　環　境

事故を未然に予防し、また、発生したときの影響を最小限にとどめるため、施設や設備といったハード面の整備も必要です。介護施設においては、事故予防のためさまざまな設備が備わっていますが、在宅においてはその住環境が一定ではないため、必ずしも事故発生を防止できる状態にない場合が多いといえます。介護職は、利用者の思い等も十分に考慮したうえで、事故予防のための提案をケアマネジャーや住環境を担当する職員等に行っていくことが必要です。

(2)　チーム体制

まずは、介護職同士の連携が重要です。しかし、サービスの質の向上にとっては、現場の介護職間の情報共有だけでなく、不明な点や疑問点を、管理職やリーダーに、すぐに相談することも重要です。

また、多職種〔たしょくしゅ〕の専門職との連携も重要です。介護職だけでその利用者を支えているのではなく、さまざまな専門職がケアに携わっており、それら多くの専門職が互いに連携することで、利用者へのサービスの質はさらに向上します。具体的には、医師、看護師、行政担当者、生活相談員、ケアマネジャー等があげられます。

(3)　サービス担当者会議、ケースカンファレンス

「サービス担当者会議」とは、介護保険制度において、ケアマネジャーが居宅〔きょたく〕サービス計画を策定するために開く会議のことです。会議は、ケアマネジャーや指定居宅サービス事業所の担当者などの関係者で構成され、要介護者・要支援者とその家族を交え〔まじ〕て開催されます。ここではケアマネジャーによって課題分析〔かだいぶんせき〕された結果をもとにサービス計画が協議され、本人の了承を経てサービス提供へとつなげられます。また、認定期間中であっても、サービスの担当者が介護サービス計画の見直しが必要だと考えた場合には適宜〔てきぎ〕開催されます。

「ケースカンファレンス」とは、利用者に対する支援の方針を共有するために、多職種〔たしょくしゅ〕が参加して事例に基づいて検討する会議です（サービス担当者会議も含めて、介護方針を検討する会議のことを指します。）。

どちらも、リスクマネジメントにおいて大変重要な要素です。

(4)　記録の整備〔せいび〕

事故を未然に予防するためにも、また、事故が発生してしまったときも、記録は大変重要です。記録をすることで、組織として情報を共有することができ、事故を未然に防止するための検討をすることができます。

また、事故が発生した場合は、利用者や家族、行政に報告する義務があるため、その整備は必須です。組織として、その体制を整備する必要があります。介護職は記録の方法等を、研修等を通じて確実に行えるようにしなければなりません。

3　介護職の正確な知識と技術

⑴　正確な知識と技術

　介護職は、利用者の安全確保のため、介護に関する正確な知識と技術を身につけておかなければなりません。また、日常的に利用者の身体状況を的確に把握しておくことで、事故が発生するリスクを軽減することができます。

　そのためには、常に利用者の立場に立って、利用者の思いを大切にすることが重要です。利用者が何を考えているのか、何がしたいのかを常に考えることで、どのようなリスクがあるかを予測しやすくなり、安全の確保につながります。

⑵　危険予知

　利用者にサービスを提供する介護現場において、危険を予知し、適切な対応ができるよう心がけておく必要があります。介護に関する正確な知識と技術を身につけ、利用者のことを日頃から的確に把握しておくことで、危険を予知できる確率も高まります。危険予知もリスクマネジメントの一部です。

⑶　ストレス、不安

　介護職自身がストレスをため込まないことも重要です。ストレスの影響で、介護をしている最中にほかのことを考えたり、注意が外に向いている場合、事故が発生する可能性が高まります。上司や同僚等に相談する等、ストレスをため込まないよう工夫しましょう。

　また、あやふやな知識や技術では、不安を感じてしまい、安全な介護をすることができません。正確な知識や技術を身につけ、自信を持って介護をすることが安全確保につながります。

　なお、在宅でのサービス提供の場合、利用者と訪問介護員の2人だけという場合も多く、密室であることや、現場での裁量の余地が残されていることもあり、介護職がストレスを抱えてしまう場合も多いようです。疑問点や不安、利用者への対応に悩んだ場合は、自分だけで抱え込まず、事業所のスタッフ等にすぐに相談や報告をすることも重要です。

4　利用者や家族とのコミュニケーション

　利用者や家族と日常的にコミュニケーションを図り、信頼関係を構築することも、リスクマネジメントの重要な要素の一つです。介護職やその他の専門職だけでは安全を確保することはできません。日常的に十分なコミュニケーションを図り、利用者の思いや家族の思いを理解し、どのような生活や環境を望み、どのような介護を望んでいるかを理解すれば、リスクを回避することができます。

　また、日常的にコミュニケーションを図っていて、信頼関係が構築できていれば、事故発生後の円満な解決を促進することができます。質の高いサービスを提供するうえでも、利用者や家族との日常的なコミュニケーションは大変重要な要素といえます。

◎介護職の責務　　◎リスクマネジメント　　◎リスクとハザード

（執筆：香取幹）

2　事故予防、安全対策

　　　　　　介護事故の発生を予防するためには、危険を予知し、その因子を
取り除くため、組織的に検討を重ねて防止策を講じることが必要です。
ここでは、
①　危険予知と事故予防
②　事故発生時の対応
③　具体的事例
について理解してください。

Ⅰ　危険予知と事故予防

　事故予防の第1段階は、危険予知です。危険予知は、サービス提供のときに「ヒヤリとしたり、ハッとする」(「ヒヤリ・ハット」といいます) 前に、積極的に危険因子を探し出して、その場で事故発生防止策を講じるものです。

　第2段階は、サービス提供責任者によるアセスメントのときや、サービス提供時に「ヒヤリ・ハット」したこと、サービス提供のあり方において自ら振り返ってみて気がつく危険因子、そして、サービス担当者会議においてサービスのあり方を振り返ったときに問題となる危険因子を取り上げて検討することです。

　第3段階では、第2段階の検討を踏まえ、その危険因子が実現して事故につながらないように防止策を講じることです。

　事故予防においては、PDCAサイクル (第3章—3「1　介護における安全の確保」を参照) を用いることができます。とくに事故がなぜ起こったのか、どのようにすれば防げたのかを検討し (Check：検証)、さらにその後、再発を防止する改善策を講じる (Action：改善) ことが重要です。

　しかし、介護サービスを提供するうえでは、これらの検証や改善を行う際に「安全確保」を中心に置いて改善の方針を検討するばかりではなく、利用者の「自立支援」の視点を持つことが重要です。仮にも介護サービスを提供する側が、事故を防ぐためという目的で利用者が尊厳を持って自立して生きていきたいという思いや、自らの意思による身体機能の向上の機会を奪ってしまうことは、適切な介護とはいえません。

　自立支援の考え方に沿って、利用者の活動の機会を十分配慮して事故予防の活動を行うことが大変重要です。危険因子を取り除くことと、利用者の自立を保つこと、という両者を成立させることを念頭に置き、事故の再発防止策を講じる必要があります。

1　組織的な検討

⑴　事故対策委員会、リスクマネジメント委員会

　組織的に事故予防を検討する制度として、事故対策委員会やリスクマネジメント委員会があります。この委員会の目的は、事故を未然に防ぐとともに、起こった事故に対しては、利用者に対し、速やかにかつ最善の対応を提供し、安全管理体制(あんぜんかんりたいせい)を施設や事業所全体で取り組むことです。このような委員会の設置は、介護保険法の通達のなかにも、事故発生防止のための指針に盛り込むこととして義務づけられています。

⑵　研修、マニュアル

　事故予防や事故発生時の対応については、施設や事業所においては、マニュアルを作成したり、研修制度等を整備したりする等、介護職に学びの機会を提供する必要があります。介護職はそれらを利用し、事故を防ぎ、事故発生時に適切な対応がとれるようにしなければなりません。

　なお、マニュアルを読み、研修を受講しても、実際の事故の場面では慌(あわ)ててしまうことがあります。適切に対応できなかったということがないよう、座学(ざがく)だけではなく実地的な研修も必要です。

2　チームでの検討

⑴　サービス担当者会議、ケースカンファレンス

　サービス担当者会議やケースカンファレンスの場で、事故を防止するためにはどうすればよいのか、事故が発生した場合にどのような対応をすれば影響を最小限にとどめることができるのかを検討することも重要です。検討の方法として、「ヒヤリ・ハット」の事例を基に検討することは大変有効です。

　「ヒヤリ・ハット」のような「未遂(みすい)」事例の把握(はあく)、分析(ぶんせき)を数多く行うことは重要です。

　また、関連して「ハインリッヒの法則」というものもあります（図表3－2）。1件の「重傷」を負うような重大な事故の背景には29件の「軽傷(けいしょう)」を伴う事故があり、その背景には300件の「ヒヤリ・ハット」が存在するといわれています。アメリカの損害保険会社が労働災害を統計学的に調べ、その法則を導き出しました。

　社会背景や環境の違いもあるので、この数字がそのままあてはまるかはわかりません。しかし、重大な事故を未然に防止するためには、どうすれば軽微(けいび)な事故を減らすことができるのか、さらに、どうすればヒヤリ・ハットの段階で危険を察知(さっち)し、事前に防止する対策を講じることができるのかを考えることが、実際に起きた事故の対応と同様に重要です。

⑵　情報の共有

　事故を予防するためには、チームや事業所、また、他職種間の情報の共有が必要です。利用者の健康状態や、その変化等の情報を共有できるようにしてください。情報の共有は、記録をもとに行うことで、より

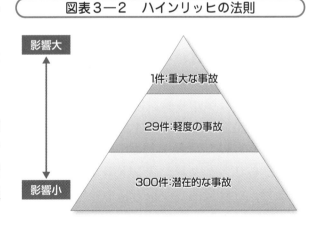

図表3－2　ハインリッヒの法則

影響大

1件:重大な事故

29件:軽度の事故

300件:潜在的な事故

影響小

正確な情報の共有が可能となります。パソコンなどを利用した電子記録も最大限に活用してください。

　情報の共有は、職員間や専門職間のみならず、利用者および家族とも積極的に行うことが重要です。ヒヤリ・ハット事例を利用者や家族と事前に共有しておくことは、信頼関係の構築という意味でも重要ですし、何よりも事故を未然に防ぐために重要です。

　情報の共有を行うにあたり、事例収集や事例分析を行い、それを研修カリキュラムに取り入れ、介護職に周知徹底するといった分析の手法と視点を持つとより効果的です。

Ⅱ　事故発生時の対応

　どんなに事故を予防する対策を講じても、事故発生をゼロにすることは難しいものです。また、十分に経験を積んだ介護職においても、介護現場においてまったく危険を予知できない状況で事故が発生する場合もありますし、危険の予知はある程度できたとしても、何らかの要因により発生してしまう場合もあります。そのような場合でも、事故が発生した場合に適切な対応をすることが重要です。

　特に注意するべき点は、常に相手の立場に立った対応を心がけることです。事故が発生した場合は、利用者本人や家族から厳しく言われますし、事業者としても損害賠償責任を負う等のリスクが発生するため、自己防衛的、組織防衛的な言動になってしまいがちです。相手の立場に立った言動を心がけてください。

1　利用者の状況確認

　事故が発生した場合にまず行うべきことは、利用者の安全を確保することです。利用者の状態を正確に把握し、適切な救命や救急車の手配、医療機関との連携等を行ってください。

　日頃から、事故発生直後の対応手順を明確にしたマニュアルや連絡先リスト等を作成しておくことで、速やかに対応することができます。

2　報　告

　事故が発生した場合、利用者の状況確認や利用者への適切な対応と並行して、職場のスタッフや、家族への報告が必要です。事故に至った経緯等を正確に報告しなければなりません。

　報告する際は、口頭だけではなく、介護記録を用いて説明することで、より正確な報告ができます。日頃から正確な記録を心がけてください。

　介護事故については、介護保険法や老人福祉法の規定に基づく省令で、市町村や家族に連絡することが義務づけられています。家族に報告する場合、誠意をもって正確に、かつ迅速に報告しなければなりません。

　なお、事業所内において報告しやすい体制や風土を構築しておくことも重要です。良好な職場環境で日頃から職員同士のコミュニケーションがうまくとれていれば、事故報告も正確に、かつ迅速になされます。報告は専門職の責務であり、決して「始末書」のような報告者を責めるものではありません。このような理解を職員全員が持てるような職場環境を構築することもリスクマネジメントの一つです。

　また、行政機関への報告については、書面での報告が求められています。

3　記　録

　発生した事故については、その経緯や事実等を正確に記録をすることが必要です。これは家族への報告や、チーム間での情報共有のためだけではなく、今後同様な事故が発生しないよう検討するための事例として重要な資料となります。

　なお、手書きによる紙での記録のほか、パソコン等のITを活用する手法が主流となってきています。電子記録であれば、情報の共有や報告を正確にかつ迅速に行うことが容易になるので、積極的な活用を勧めます。

4　再発防止

　事故が起きた場合に、表面的な原因追究や個人の介護技術のみを問題とすべきではありません。その事故がなぜ発生したのか、どうすれば発生を阻止することができたのか、利用者の状態や日頃の日常的なコミュニケーションのなかから予測することはできなかったのか等、組織で検討することが重要です。

Ⅲ　具体的事例

　以下では、事故の具体的な事例を示します。ここであげた対応や対策等がすべてではありませんが、ぜひ事例をもとにさまざまな対応や対策を検討してください。

事例1　転倒事故発生後に再発防止策を講じた事例

【利用者の状況】　Sさん：92歳　女性　要介護2
〈既往歴〉
　　心不全後遺症、脳溢血（右マヒ）、加齢による物忘れあり。
〈家族〉　　　　　　　　　　〈ADL〉
　　息子夫婦と同居。　　　　若干のふらつきがある。
〈福祉用具〉
　　家族は車いすの利用を希望しているが、本人は自分の足で歩けるうちは歩きたい、という強い希望があり、自立支援のためシルバーカーを利用。
【サービス利用状況】
　　訪問介護：身体介護（入浴介助）と生活援助（買物同行）。
【事故発生状況】
　　訪問介護サービスを担当している訪問介護員より、買物同行サービス中に、利用者が転倒してしまったと事業所に連絡が入る。
　　その日、いつものように近所のスーパーに同行。利用者宅に戻るのに、利用者の強い希望により普段と違う道を利用。シルバーカーが道の盛り上がりでバランスを崩し、顔から地面に転倒。
　　訪問介護員は、普段は道の状態に注意しつつ、転倒しないようすぐそばに付き添っているが、その日は、両手に買物袋を持っており、とっさの対応ができずに転倒してしまった。利用者に意識はあるが、左顔面が腫れあがってきてしまった。
　　利用者宅まであと10メートルくらいだったので、訪問介護員は利用者の状態を確認してから、家族を呼びに走った。

　　訪問介護員は家族と一緒に現場に戻り、利用者の状態を再度確認。家族も訪問介護員も携帯電話を持っておらず、周辺にいた方に借りて救急車を呼んだ。救急車が到着するまでの間に、訪問介護員は事業所に報告。報告を受けたサービス提供責任者は、事業所からすぐに向かっても救急車の到着前に現場に到着することは難しいため、現場には向かわないと判断し、家族に転倒させたことを謝罪した。

　　救急車には、家族が同乗した。訪問介護員には、救急車を見送った後に事業所に呼び、詳細な状況を聴き取ることにした。

【家族への対応】

　　事業所のサービス提供責任者より、立ち会った嫁に謝罪するとともに、訪問介護員からの状況報告を説明。家族は「いつ起きても仕方ない状況だ」と話していた。利用者は、3～4日の検査入院になった。

【原因と対策】

〈原因〉

　　買物をした後は、普段は行きとは別の裏道から帰っていたが、事故当日は本人の希望で普段とは違う道を通って帰った。

　　車道側を訪問介護員が歩き、本人は内側をシルバーカーを押しながら歩いたが、道が少し盛り上がっているところでバランスを崩してしまい、訪問介護員と反対側に転倒してしまった。訪問介護員は両手に荷物を持っていたため、両手がふさがっており、また、訪問介護員の反対側に倒れてしまったので利用者を即座に支えることができなかった。利用者がシルバーカーを押していることで、訪問介護員の危険の意識が低くなり、転倒を防げなかった。

・普段と違うルートの安全確保ができていなかったため、危険を予知できなかった。

・利用者の希望を優先してしまい、介助において十分な事故防止策を講じることができなかった。

〈対策〉

・訪問介護員は今後、移動の介助の場面で、いつ何が起きても利用者を支えられるよう、買物同行のときはリュックを活用し、両手をあけておくようにする。

・サービス提供責任者は、今後の移動介助の事故予防について利用者に説明し、理解をいただいて、転倒の回避策を優先することで協力を得た。

事例2　**危険予知により転落を防いだ事例**

【利用者の状況】　Ａさん：88歳　女性　要介護4

〈既往歴〉

　　脳梗塞、脳梗塞後遺症（右マヒ）、尿道留置カテーテル装着、失語症。

　　認知症状はないが興奮した際に泣くことがある。

〈家族〉

　　認知症の夫（90歳　要介護1）と2人暮らし。息子夫婦が近所に住んでおり、嫁が食事の世話をするため毎日来ている。

〈ADL〉

　　右マヒにより、車いすを使用。普段はベッド上での生活。

【サービス利用状況】

　　訪問介護：身体介護（全身清拭、着替え、オムツ交換、蓄尿パック内尿廃棄、口腔ケア、離床・臥床介助）

【事故発生状況】

　　利用者宅にて、訪問介護員が朝の起床介助時に、オムツ交換と全身清拭後に着替えを行い、ベッドから車いすに移乗。利用者から、「寒いので上着を着用したい」との希望があり、洋服を何点か提示したが、本人の好みに合うものがない様子であった。仕方なく普段よく着用している上着を渡したところ、うまく言葉が伝わらないもどかしさからか、興奮して渡した洋服を振り払った。

左腕を大きく動かしたことで車いすからずれ落ちそうになったため、とっさに訪問介護員が腕をつかみ、車いすからの転落を防いだ。

上記の対応後、事業所のサービス提供責任者に状況報告を行った。

【家族への対応】

事業所のサービス提供責任者より、転落を防止した内容を伝えた。

【原因と対策】

〈原因〉

・納得する上着がなく、職員があきらめて普段よく着用している上着を着てもらおうと勧めたことで興奮させてしまい、動作が大きくなりバランスを崩した。

・車いすに移ったときに座りが浅かった可能性がある。車いすへの移乗時の安全の確認が不十分であった。

・コミュニケーションが足りず、利用者の意思を十分に汲み取ることができなかった。

〈対策〉

・移乗時など体位変換した際には、安定を十分に確認する。

・興奮時は、少し落ち着いてから介助を進める。

・日常のコミュニケーションから、お気に入りの洋服が何かを把握しておき、その洋服を選んでもらえるような声かけをし、納得したうえで着用してもらう。

・口頭での意思疎通ができない場合のコミュニケーション方法を考える。

・カテーテル装着もあり、転倒した場合の管のルート確保、尿廃棄もれに注意する。

・要介護高齢者世帯でもあり、最低限の医療セット（消毒液・絆創膏など）の用意を提案する。

事例3 **誤嚥を防ぐことができずに亡くなられた事例**

【利用者の状況】 Bさん：75歳　女性　要介護1

〈既往歴〉

熱中症、脱水、尿路感染。

〈家族〉　　　　　　　　　　〈ADL〉

独居（妹が近隣に在住）。　　ほぼ自立に近いが、多少のふらつきがある。

【サービス利用状況】

訪問介護：身体介護と生活援助（買物同行）。

【事故発生状況】

訪問介護員が車いす介助で近所のスーパーに買物同行を行う。スーパーでは、利用者の好物であるおはぎの3個入りパックを本人の希望で購入し帰宅した。

訪問介護員が台所のテーブルの上に、購入したおはぎを置いたところ、利用者が自分で歩いて台所まで来て、テーブルの上のおはぎを隣の和室にあるコタツまで持って行き、一人で食べ始めた。おはぎを1つ食べ終わったところまでは訪問介護員が確認している。

訪問介護員は、時々利用者の様子を確認しながら台所のテーブルで、記録書・連絡ノートを記載。サービス終了時間が近づき、退室しようと挨拶をしたが、利用者がいつも返してくれる返事がないため様子をみると、2つ目のおはぎを食べている途中、喉におはぎを詰まらせているようであり、苦しそうにしていた。

訪問介護員は、利用者の背中をたたき、口の中の物を吐き出させようとしたが、利用者は苦しくて手を振りほどいた。

訪問介護員は、サービス提供責任者に連絡。状況を説明し救急車を呼んでほしい旨を要請し、サービス提供責任者が119番通報。同時に、サービス提供責任者より利用者を担当しているケアマネジャーに連絡し、状況を報告。利用者の家族への連絡はケアマネジャーからすることとなった。

サービス提供責任者は、上記連絡を行った後、すぐに利用者宅に駆けつけ、状況を確認。利用者は、コタツのテーブルに頭をつけた状態で目を閉じており、口は半開きで唾液が少しテーブル

に流れている状態。身体をさすり声かけするが反応はなく、体温はある（検温なし）が、脈の確認はとれない状況。

　通報から約10分後に救急車が到着し救急措置を行う。その間に担当ケアマネジャーが到着する。

　担当のケアマネジャーが救急車に同乗し救急搬送。ケアマネジャーは救急車の中で利用者の妹と電話で連絡がつき、状況を報告。病院に来てもらうように説明した。

　搬送されたのはＴ病院であるとケアマネジャーからサービス提供責任者に連絡が入り、サービス提供責任者より要請を受けた管理者は、すぐにＴ病院に向かう。

　利用者の妹がＴ病院に到着。Ｔ病院の医師から妹に、「利用者は気管支切開し、呼吸器をつけ、心臓が動いたが血圧が下がっており、意識は朦朧としている状況である」と説明があった。上記を管理者が確認後、担当ケアマネジャーと管理者は病院を離れる。

　翌日、利用者が亡くなられたと担当ケアマネジャーよりサービス提供責任者に連絡が入る。

　警察から、当日の状況確認のため話を聞きたいと事業所に連絡が入る。訪問介護員と管理者が利用者宅を訪問し、訪問介護員から当日の状況を説明した。警察からは、「今回来てもらったのは、救急隊・病院・家族等に聞き取りをした内容が若干違う部分があったので、伝聞ではなく直接状況を確認したかった。今回の聞き取りで、警察としては、事件性はないと思っているので、とくに何もなければ今後は電話をすることはない。もし、家族等から何か言ってきた場合は、警察も聞き取りしているので、その情報は提供できる」と説明を受けた。

【原因と対策】

〈問題点・原因分析〉

　月曜日から土曜日までの訪問介護員派遣（食事の促し、服薬確認、入浴介助、生活援助全般）のなかで、水曜日は、利用者が一番楽しみにしている買物同行のサービスを提供していた。利用者の価値観や考え方もあり、訪問介護員の提案はあまり受け入れないため、買物の内容も利用者の好きなものを買いに行くというQOL重視のサービス内容であった。食事も促しは必要だが、摂取時は自立していた。嚥下障害もなく、事前に誤嚥の発生を予見することが難しい状況であった。

　利用者は元気であっても要介護者であることから、つねに誤嚥の可能性があることの認識が不十分であった。

〈今後の対策〉

・事業所において、サービス提供責任者および訪問介護員を対象に、同様の事故が発生しないよう、この事例を用いて研修を行った。

・事業所のすべてのサービス提供責任者を対象とした研修において、この事例を用い、事故がなぜ起こったのか、どうすれば防げたのか、再発を防止するためにはどうすればよいか、等を話し合い、各事業所で同様の事故が発生しないよう研修を行った。

・事故の発生状況や再発防止策について書面にして、事業所内のすべての訪問介護員に郵送した。

・研修に出席したサービス提供責任者から、すべての訪問介護員に対し、同様の事故が二度と発生しないよう周知徹底を行った。

今後の学習のための◎キーワード

◎危険予知　　◎事故予防　　◎ヒヤリ・ハット

◎危険因子　　◎事故発生時の対応　　◎再発防止

（執筆：香取幹）

第3章—3　2　事故予防、安全対策

3　緊急時に必要な知識と対応方法

　　　介護の対象者は、身体機能や体力が低下しているため、病気や緊急の事故に遭遇することがあります。
　　　介護者は、万一の事故が起こった場合に備えて、緊急時の対応に必要な知識とその対応方法について習得しておくことが必要です。
　　　ここでは、
　① 　想定される事故
　② 　緊急時における観察・対応の流れ
　③ 　ファーストエイド（応急手当）の実際
　④ 　一次救命処置の実際
について理解してください。

Ⅰ 想定される事故

1 外傷（がいしょう）

　外傷は、転倒やぶつけたりひっかいたりすること等によって生じ、開放性（かいほうせい）のものと非開放性のものがあります。開放性のものは、切り傷、刺し傷、擦（す）り傷などがあり、非開放性のものは、凍傷（とうしょう）、打撲（だぼく）、捻挫（ねんざ）などがあります。

2 骨折（こっせつ）

　骨折は、転倒や転落などの際、強い外力や繰り返される外力を受け骨が折れたり、ひびが入ったりすることです。症状は、腫れ、変形、皮膚の変色、激痛、動かない等がみられます。

3 熱傷（ねっしょう）

　熱傷は、熱湯、炎、アイロン等の熱い物体に触れることで起きるほか、湯たんぽやあんか、カイロ等を長時間同じ場所に当てることにより起きる低温やけどがあります。

4 誤嚥（ごえん）

　誤嚥は、食物が誤って気管（きかん）に入り、液状物や固形物が気管に詰（つ）まって呼吸ができなくなった状態をいいます。

5　熱中症

　熱中症は、高温多湿の環境下で体温調節がうまくできないことから起こり、軽度では、めまいやこむら返り、中度では、吐き気や頭重感がみられ、重度になると意識障害やショック症状を起こし、命の危険にさらされます。

Ⅱ　緊急時における観察・対応の流れ

　介護者は、緊急時において行うべき観察・対応について理解しておく必要があります。

1　観察の方法

(1)　意識があるか
　対象者の肩を軽くたたきながら耳元で呼びかけて反応を見ます。

(2)　呼吸しているか
　胸腹部に上下の動きがあるかを見たり、鼻や口元に頬を近づけ、息が感じられるか等で呼吸の確認をしたりします。

(3)　顔色はどうか
　顔色や口唇の色の確認をします。

(4)　出血があるか
　出血の場所とその程度について確認します。
　さらに傷、痛み等の有無とその状態についても注意深く観察します。

2　対　応

(1)　対象者への励まし
　対象者のそばを離れず、安心できるような言葉をかけ、励まします。

(2)　安　静
　対象者の状態（傷や痛みの程度）に合わせて適切な体位を保ち、安静に努めます。

(3)　保　温
　体温を保つため、寒くならないようにします。

(4)　協力者を求める
　周囲にいる人たちに、必要に応じて119番通報やAED（自動体外式除細動器）の手配を依頼します。

Ⅲ ファーストエイド（応急手当）の実際

1 外傷

(1) 傷

　傷は、感染を予防するために清潔を保つことが必要です。傷口に清潔なガーゼ等を当て、速やかに医師の診察を受けるようにします。出血している場合は、出血部位に清潔なガーゼ等を当て、その上から手または包帯等で圧迫して止血します（直接圧迫止血法（図表3－3））。

　直接圧迫止血法を実施する際は、感染防止のため、使い捨ての手袋やビニール袋を利用します。

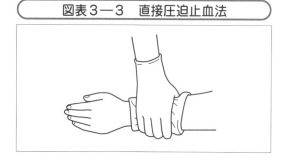
図表3－3　直接圧迫止血法

(2) 打撲・捻挫

　打撲や捻挫が疑われる場合は、患部を動かさないようにして、ビニール袋に入れた氷水等で冷やします。その後、冷湿布を貼り包帯で固定します。腫れや痛みが強い場合は、速やかに受診するよう対応します。

2 骨折

　骨折が疑われる症状（腫れ、変形、皮膚の変色、激痛、動かない等）があれば、手当をして速やかに医師の診察を受けるようにします。

(1) 皮下骨折（非開放性（閉鎖）骨折）の場合（図表3－4）

　全身と骨折部を安静にし、患部を副子（身体の局所の安静を保つために用いる当て物）等を用いて固定します。

(2) 開放性骨折（開放骨折）の場合（図表3－5）

　止血を行い、傷の手当をしてから固定します。

　骨折した手足の末梢の循環状態を観察できるよう手袋や靴下は脱がせます。

　骨折部や変形を元に戻そうとすると神経や血管を傷つけることがあるため、そのままの状態で対象者にとって楽な体位をとり、患部の位置を高くして専門の医療機関へ搬送します。

○骨折の固定方法

　患部に近接した2つの関節を固定します。固定するとき、副子等が斜めにならないように注意します。日用品のなかで副子として代用できるものには、板、傘、ダンボール、木の枝、雑誌等があります。三角布や包帯の代用品として、ストッキングやネクタイも利用できます（図表3－6）。

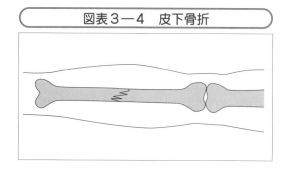
図表3－4　皮下骨折

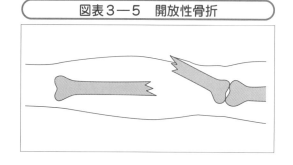
図表3－5　開放性骨折

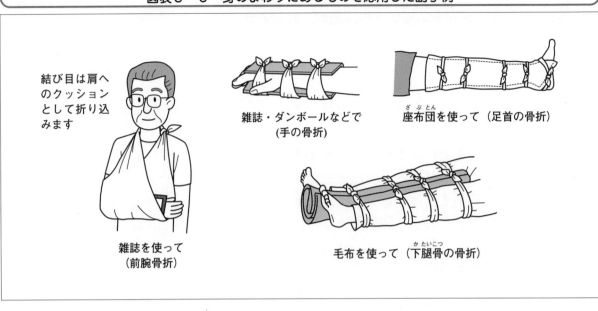

図表3－6　身のまわりにあるものを応用した副子例

結び目は肩へのクッションとして折り込みます

雑誌を使って（前腕骨折）

雑誌・ダンボールなどで（手の骨折）

座布団を使って（足首の骨折）

毛布を使って（下腿骨の骨折）

3　熱傷

　熱傷の手当は、冷水で痛みがとれるまで患部に直接水圧がかからないようにして冷やします。

　着衣の上から熱湯を浴びたような場合は、脱がせず着衣の上から冷水をかけて冷やします。また、感染を予防するため、水ぶくれ（水疱）はつぶさないようにします。

4　誤嚥

　誤嚥を起こした場合、速やかに異物を除去して窒息を防ぐことが求められます。咳が出る場合は、強く咳を出すよう促します。咳が出ない、異物が除去できない場合は、次の方法をとります。

(1)　背部叩打法（図表3－7）
　背部叩打法は、背中（肩甲骨の間）をたたき、気道に振動を起こすことにより異物を取り除く方法です。

① 立位・座位の場合
　対象者の頭をできるだけ低くした姿勢をとらせます。肩甲骨の間を手のひらの根元（手掌基部）で力強く連続してたたきます。

② 臥位の場合
　対象者を側臥位にします。肩甲骨の間を手掌基部で力強く連続してたたきます。

図表3－7　背部叩打法（立位・臥位）

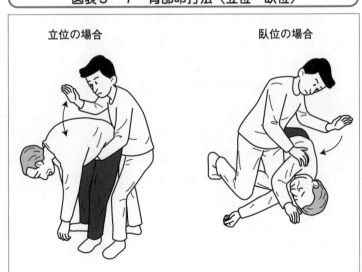

立位の場合

臥位の場合

第3章－3

3　緊急時に必要な知識と対応方法

(2)　指拭法

　　異物が見える場合は、指拭法（口の中の異物を指でかき出す方法）を用いることもできます。

　　口を開かせ、人差し指にガーゼやハンカチなどを巻いて口の中に入れ、その指を頬の内側に沿って進め異物をかき出します。

　　気道内異物の除去にあたっては、一つの方法だけにとらわれずに、いくつかの方法を組み合わせて対応することが求められます。

Ⅳ　一次救命処置の実際

　　一次救命処置（BLS：Basic Life Support）とは、心肺停止状態にある人を救命するため、心肺蘇生法やAEDを使用して、緊急の対応を行うことです。

　　ここでは、一般市民が成人に行う一次救命処置を取り上げます。

1　一次救命処置の流れ

(1)　意識状態の確認

　　対象者の肩を軽くたたきながら耳元で呼びかけて反応を見ます。目を開けたり、何らかの応答や目的のある仕草があれば意識があるといえます。

　　反応がない場合は、大きな声で周囲の人に協力を求め、119番通報とAEDの手配を行います。

(2)　呼吸の確認

　　呼吸を確認するために、傷病者の胸部と腹部の動きを観察します。呼吸の確認に10秒以上かけないようにします。

　　自発呼吸がある場合は、回復体位（図表3−8）にして安静に努めます。

　　回復体位は、対象者を側臥位にし、下顎を突き出し、顎の下に上側の上肢を入れ頸部を安定させます。上側の膝を90度程度曲げ、下側の下肢は伸ばして姿勢を安定させます。

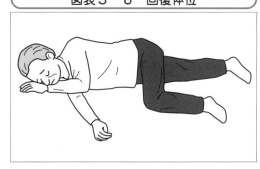

図表3−8　回復体位

(3)　胸骨圧迫

　　普段どおりの呼吸がない場合、あるいはその判断に自信が持てない場合は、胸骨圧迫を開始します（図表3−9）。

　　対象者の胸の真ん中に手のひらの根元（手掌基部）を置き、その上にもう片方の手を重ねて肘を伸ばし、真上から垂直に圧迫します。ポイントは、強く（約5cmを目安として胸が十分に沈み込む程度）、速く（1分間あたり100〜120回のテンポ）、連続30回圧迫します。

図表3－9　胸骨圧迫

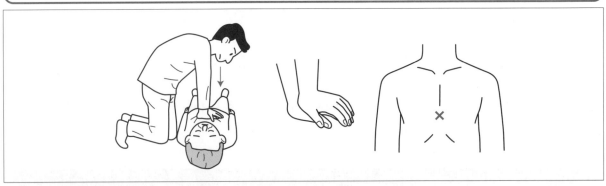

(4)　人工呼吸

　　人工呼吸ができる場合は、2回行います。

　　※人工呼吸ができないか、ためらわれる場合は省略し、胸骨圧迫のみを行います。

　①　気道確保

　　　対象者の額を片手で押さえ、もう一方の手の人差し指と中指の2本を顎先に当て挙上させ頭部を後ろにそらせて頸部を十分伸ばします（頭部後屈顎先挙上法（図表3－10））。

図表3－10　気道確保（頭部後屈顎先挙上法）

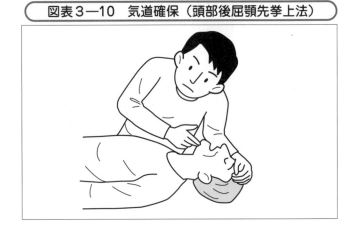

　②　口対口の人工呼吸（2回）（図表3－11）

　　　気道を確保したまま指で鼻をつまみ、自分の口を大きく開けて対象者の口をふさぎ、胸の動きを見ながら、胸が軽く上がるのが分かる程度に、1回あたり、約1秒間かけて2回息を吹き込みます。

　　　吹き込みが終わったら、対象者の息を自然に出させるためにいったん口を離し、鼻をつまんだ指も離します。

　　※口対口の人工呼吸を行う場合は、感染防護具の使用が望ましいです。

図表3－11　人工呼吸

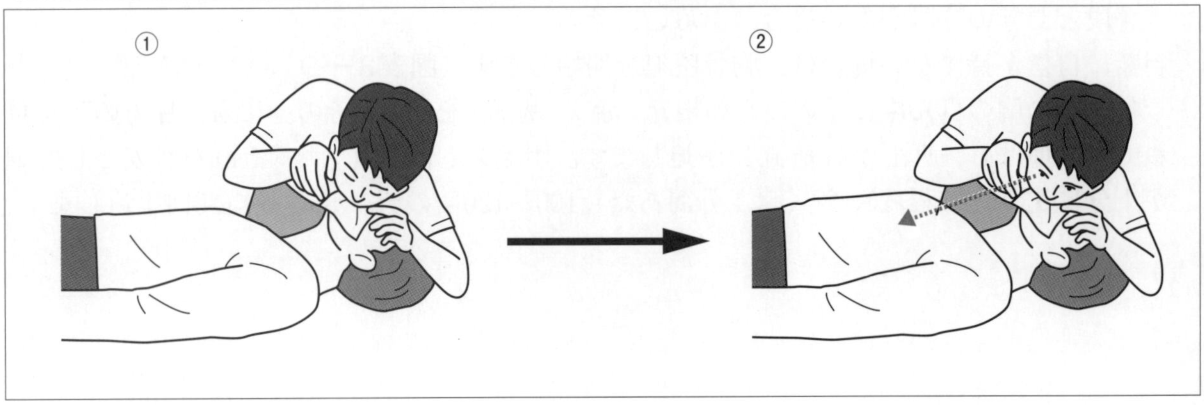

①　　　　　　　　　　　→　　　　　　　　　②

(5)　AED（自動体外式除細動器）

　　AEDは、心室細動や心停止の際に、心臓に電気ショックを与え、正常な心臓の働きを取り戻すことを試みる医療機器です。

　　AEDが到着次第、こちらに切り替え装着します。

　　※AEDがある状況ならば、最初からAEDを使用します。

　　AEDは、心電図を自動解析し、除細動が必要な場合に電気ショックを流す仕組みになっています。電源が入ると音声ガイドが始まります。そのガイドに沿って操作します。

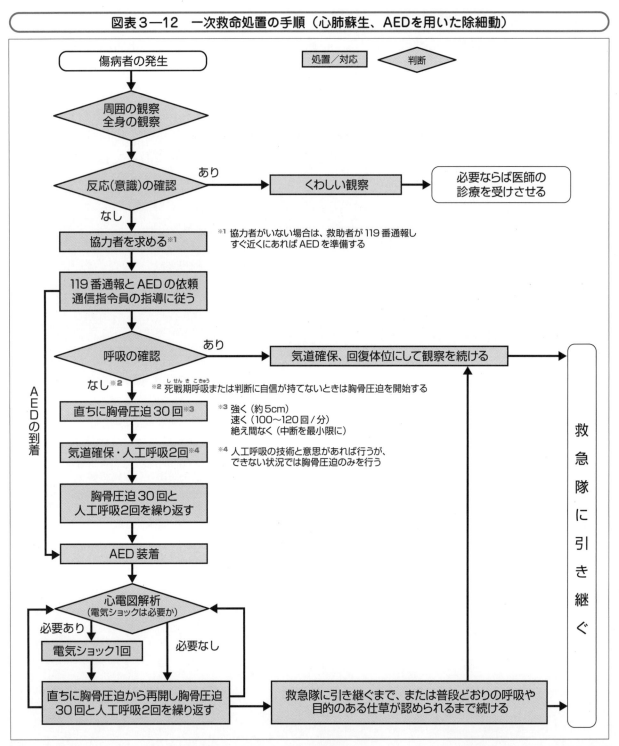

図表3－12　一次救命処置の手順（心肺蘇生、AEDを用いた除細動）

傷病者の発生

処置／対応　　判断

周囲の観察 全身の観察

反応（意識）の確認 ── あり → **くわしい観察** → **必要ならば医師の診療を受けさせる**

なし

協力者を求める※1

※1 協力者がいない場合は、救助者が119番通報しすぐ近くにあればAEDを準備する

119番通報とAEDの依頼 通信指令員の指導に従う

呼吸の確認 ── あり → **気道確保、回復体位にして観察を続ける**

なし※2

※2 死戦期呼吸または判断に自信が持てないときは胸骨圧迫を開始する

直ちに胸骨圧迫30回※3

※3 強く（約5cm） 速く（100～120回／分） 絶え間なく（中断を最小限に）

気道確保・人工呼吸2回※4

※4 人工呼吸の技術と意思があれば行うが、できない状況では胸骨圧迫のみを行う

胸骨圧迫30回と 人工呼吸2回を繰り返す

AED装着

AEDの到着

心電図解析 （電気ショックは必要か）

必要あり → **電気ショック1回**

必要なし

直ちに胸骨圧迫から再開し胸骨圧迫 30回と人工呼吸2回を繰り返す

救急隊に引き継ぐまで、または普段どおりの呼吸や 目的のある仕草が認められるまで続ける

救急隊に引き継ぐ

出所：日本赤十字社「赤十字救急法基礎講習」日赤サービス，2016

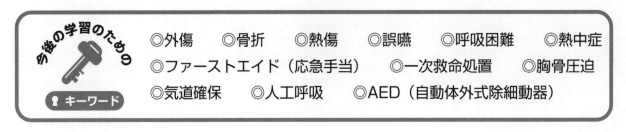

今後の学習のための キーワード

◎外傷　　◎骨折　　◎熱傷　　◎誤嚥　　◎呼吸困難　　◎熱中症
◎ファーストエイド（応急手当）　　◎一次救命処置　　◎胸骨圧迫
◎気道確保　　◎人工呼吸　　◎AED（自動体外式除細動器）

（執筆：竹田幸司）

4　感染症対策

高齢者の介護にあたり、日常遭遇する感染症の基礎知識と予防・対処方法を学習します。
ここでは、
① 感染症の理解
② 注意すべき感染症とその対応
③ 感染症の予防と対策
について理解してください。

Ⅰ　感染症の理解

1　感染症の種類とその特徴

　わが国での感染症は、抗生物質の普及や栄養状態の向上、衛生状態の改善等によって大きく様変わりをしてきています。感染は病原体が宿主（感染を受ける人）に至る道（感染経路）があって成り立ちます。

　細菌、ウイルス、スピロヘータ（微生物の一種）や寄生虫など、病気を引き起こすもとになるものを病原体といいます。

　感染が起こってから、症状が出るまでを潜伏期といいます。病原体によって潜伏期は異なりますし、宿主の状況によっては発症しないこともあります（不顕性感染）。

　感染症を予防するには、病原体をなくすこと、感染経路を断つこと、宿主の抵抗力・免疫力をつけることです。

　また、感染症患者が出た場合は、次の患者を出さないように、また介護者自身が感染しないように気をつけます。

2　高齢者に起こりやすい感染症

　一般に高齢者では病原体に対する免疫機能の低下が知られていますが、感染症に対する抵抗力が弱い臓器から発症していきます。

　また、発熱、咳、腹痛などの一般的な感染症の症状がはっきり出ずに、代わりに食欲低下、動きが鈍くなる（無動）、失禁、意識障害などの症状が出ることがあるので注意が必要です。

　さらに、若年者と比べ弱毒病原体による感染症（日和見感染）や、MRSA感染症が多く認められます。

(1)　日和見感染

　日和見感染は、病気の名前ではありません。通常ならば発症しないような、弱毒病原体による感染のことをいいます。

　宿主の抵抗力が落ちているとき、例えば、大きな手術後、がんの末期状態にある場合、免疫抑制剤を使っている場合、エイズ患者、高齢者などで発症します。

　弱毒病原体は、どこにでもいるような微生物で、すでに宿主の中にいることが多く、宿主の抵抗力が落ちたときに発症します。緑膿菌、MRSA、カリニ肺炎、カンジダ症などがこれに当たります。

(2)　MRSA

　MRSAは、メチシリン耐性黄色ブドウ球菌の略号です。この細菌は、空気中のどこにでもいる病原性の弱い菌ですが、抗生物質に対して強い抵抗力があり、抗生剤が効かない菌です。皮膚や鼻、気道の粘膜から感染します。

　病原性が弱いので、通常は発症することがないのですが、抵抗力が落ちている人、例えば大手術の後、免疫不全の患者、高齢者では、上気道炎、尿路感染や褥瘡への感染に始まり、重症の肺炎などを引き起こします。

　MRSAは、病院内感染の原因菌としても注目されており、感染予防が大切です。予防として、部屋を清潔にすること、患者と接する前後の手洗いが大切です。

　感染がわかっている場合は、介護者自身がその菌をほかの人に伝染させないよう注意が必要です。

┃3　抵抗力と薬剤の関係

　一般に高齢者では、外からの感染源（外来抗原）に対する免疫機能の低下、呼吸器、尿路、皮膚などの局所で感染しやすくなる（易感染性）ことが知られており、これら感染のしやすい臓器から感染し発症していきます。

　また、感染を繰り返し抗生物質の使用が繰り返されると、抗生物質に対して耐性ができて効きにくくなり、毒性の弱い弱毒菌の緑膿菌やMRSAなどからの感染（日和見感染）を起こしやすくなります。

Ⅱ　注意すべき感染症とその対応

┃1　ウイルス性肝炎

　肝炎は、原因となるウイルスにより、A型、B型、C型などに分類されています。

(1)　A型肝炎

　A型肝炎ウイルスに汚染された飲料水あるいは野菜や果物、魚介類を食べることによって、流行的あるいは散発的に発症します。乳幼児の感染では軽いことが多いですが、年齢が上がると症状が重くなる傾向があります。

ウイルス感染後2〜7週間程度の潜伏期を経て、急激に発症し、肝機能障害（血清GOT・GPTの上昇など）および発熱（38℃以上、2〜3日間）・全身倦怠感と食欲不振・黄疸などの症状が出現します。劇症化・慢性化はきわめてまれであり、大部分が3〜6か月で治ります。用便後には手洗いが必要です。

(2) B型肝炎

B型肝炎は、血液を介して感染する輸血後肝炎といわれていたものですが、母子感染、性行為でも感染し、感染後1〜6か月間の潜伏期を経て急性肝炎として発症することが多い疾患です。通常1か月程度で回復しますが、その一部が急激に悪化することがあります。

主たる感染源のキャリア（無症候性の持続感染者）は母子感染者ですが、わが国では減少し人口の1.0%弱程度（1997（平成9）年）となっています。

成人ではB型肝炎ウイルスに感染しても、発症するのは20〜30％と考えられていますが、感染の予防と発症の予防は大切です。

日常の介護では、血液の取り扱いに気をつけます。傷口の出血、鼻血などの血液には、直接、手を触れない注意が必要です。また、誤って触れた場合、すみやかに流水で洗い48時間以内にHBs抗体含有免疫グロブリン投与を受け、その後ワクチン接種を受けます。

(3) C型肝炎

C型肝炎も、B型肝炎と同様に、血液を介して感染します。通常、2週間〜6か月間の潜伏期を経て風邪症状で発症しますが、最近は非常に少なくなっています。また、C型肝炎は7割前後の人がキャリア化するといわれ、慢性肝炎、肝硬変、肝がんになることが多いことで注目されています。

血液の取り扱いに注意することは、B型肝炎と同じですが、予防ワクチンはありません。慢性化した場合にはインターフェロンによる治療が必要となります。現在、C型肝炎のキャリアは190〜230万人と推定され、年齢が高いほどその頻度は高くなっています。

2 疥癬

ヒゼンダニによって起こる皮膚の病気です。

直接接触により伝染し、皮膚のやわらかい部分にヒゼンダニが疥癬トンネル（疥癬皮下を通った跡）を作り、粟粒状の赤いブツブツや水疱ができ、強い痒みを引き起こします。夜間、特に痒みが強くなります。

特別養護老人ホームなどで、しばしば蔓延することがあります。効果のある軟膏薬がありますから、受診して治療をします。

3 肺炎

ウイルスや細菌の肺感染症であり、高齢者では呼吸器症状や発熱症状に乏しく、倦怠感、食欲低下などの非定型的な初発症状のみで、急に発症するという特徴があります。

肺は、酸素を取り込み、二酸化炭素をはきだす器官です。進行して重症の肺炎になると、このガス交換が十分にできなくなり、身体は酸素不足になり、呼吸数が増え、爪や唇の色が

青紫色（チアノーゼ）になります。さらにひどくなると、呼吸苦を訴えるようになり、生命にも危険が及びます。このようなときは、早急な受診が必要です。

　発症の原因としては、抵抗力の低下（低栄養、免疫機能低下）、多種疾患の存在、感染を起こしやすい治療（ステロイド・免疫抑制剤治療など）、口腔内病原菌の増加などがあります。

　高齢者においては、口腔内の菌を吸飲して起こる誤嚥性肺炎の頻度が高く、口腔ケアは重要です。

・誤嚥性肺炎…食物、吐物、口腔内の菌の吸飲による肺炎
・沈下性肺炎…長期間寝たきりの患者に起こる肺炎
・転移性肺炎…ほかの感染巣より菌が血行性に散布された肺炎

(1)　肺炎球菌ワクチン

　近年では、抗生物質に耐性（効かなくなる）を示す肺炎球菌が急増しています。65歳以上の高齢者においては、肺炎球菌が肺炎の原因菌の第1位を占め、重症化しやすい特徴があります。そのため、治療だけでなく肺炎球菌ワクチンによる予防はきわめて重要です。ワクチン再接種はその副反応が強いため勧められていませんでしたが、2009年10月より被接種者の健康状態を考慮したうえで必要な場合には5年以上十分な間隔を空け再接種が可能となりました。

4　尿路感染症

　高齢者では膀胱の機能の低下により、腎盂腎炎や膀胱炎などの尿路感染症が増えてきます。

　尿路感染のほとんどは、尿道からの細菌（または病原体）の侵入によるものです。老化による膀胱の機能低下や前立腺肥大症のほかに、脳血管疾患・認知症・糖尿病なども感染症の原因になります。

　予防としては、水分をある程度とり、トイレを我慢しないことです。

(1)　尿道炎

　症状は、尿道からの膿性分泌物や排尿痛・排尿困難です。尿道狭窄を伴ったり憩室に併発するものもあります。慢性尿道炎での分泌物は少量で、早朝起床時に認めます。

(2)　膀胱炎

　女性に多く、症状としては排尿痛や頻尿・尿意ひっ迫・血尿・下腹部不快感があり、膿尿や細菌尿が認められます。慢性化すると症状は軽くなります。

(3)　腎盂腎炎

　症状としては腰痛と悪寒・高熱（39〜40℃）があり、膿尿や細菌尿が認められます。通常は、片側の腎盂腎炎で、細菌が血中に入り、菌血症を伴うこともあります。

　慢性腎盂腎炎の多くは尿流障害が原因ですが、ほとんど症状が出ないこともあり、診断・治療ともに困難な疾患です。尿中細菌の検出や軽度の膿尿などから診断します。

5　梅毒

　梅毒は、梅毒トレポネーマというスピロヘータによって伝染する特徴のある感染症です。代表的なのは性感染症で、性交による接触感染でうつります。

　潜伏期間は約3週間で、第1期は局所に皮膚のしこり（結節）を作ります。第2期は血液中に入り、全身の皮膚に広がる赤い発疹（バラ疹）などの発疹が出て、脱毛が起こったりします。第3期になると臓器中に侵入し、ゴムのような結節（ゴム腫）をつくり、第4期は心臓血管系や中枢神経系をおかします。

　ペニシリン等の抗生物質による治療が効果があり、早期の治療が大切です。

　主な感染経路は第1期、第2期の粘膜の発疹部から体液を介して感染するので、介護者は注意が必要です。

　また、梅毒と診断されたら、医師は、7日以内に最寄りの保健所に報告しなければなりません。

6　流行する感染症

(1)　インフルエンザ

①　季節性インフルエンザ

　インフルエンザは、インフルエンザウイルス感染により起こる風邪症候群の一種ですが、症状・感染力が非常に強いため一般の風邪と区別されます。

　インフルエンザウイルスは、次々に変異株が発生するため、免疫がしにくく、大流行になります。

　感染経路は、空気感染あるいは飛沫感染で、潜伏期間は1～3日と普通の風邪より短いのが特徴で、秋から冬にかけて多く感染します。症状は発熱、頭痛、関節痛等の全身症状から始まり、鼻汁、喉の痛み、咳、痰等の呼吸器症状が現れ、ときに腹痛、嘔吐、下痢などの腹部症状を伴うことがあります。症状が出てから3～7日間は、ほかの人へうつす可能性が高いので注意が必要です。

　治療薬としてはA型インフルエンザに有効なアマンタジン（商品名＝シンメトレル等）、A型・B型インフルエンザに有効なオセルタミビル（同＝タミフル）やラニナミビル（同＝イナビル）、ザナミビル（同＝リレンザ）がありますが、いずれも発病後48時間以降に服用開始したものでは効果がないとされています。対症療法のほかは、室内の湿度を保ち（50～60%）、治るまで安静を保ちます。

　高齢者においては死亡例も少なくなく、流行時には人混みを避け、うがい、手洗い、マスク着用が大切です。

　また、毎年流行が予測されるインフルエンザウイルスに対しワクチンが作られます。それは、その予防と症状を軽くする効果があるので、慢性疾患のある高齢者などの感染により重症化が予測できる場合は、積極的な使用の必要があります。

②　新型インフルエンザ

　新型インフルエンザとは、これまで人の間で流行したことがなく、私たちがまだ免疫を獲得していないことから、全国的に急速な感染の拡大により国民の生命や健康に重大

な影響を与える可能性があるものをいいます。2009（平成21）年4月、メキシコで新型インフルエンザ（H1N1）が流行し、世界的に広がりました。WHOは、この年の6月11日、このウイルスの世界的大流行（パンデミック）を意味する「フェーズ6」と宣言しました。幸いにもさほど強毒性ではなく、インフルエンザ治療薬やワクチンも効果があり、2010（平成22）年8月10日、パンデミックの終息が宣言されました。

③　鳥インフルエンザ

　インフルエンザウイルスが鳥類に感染して起こる鳥類の感染症でしたが、最近では、鶏などの強い毒性のインフルエンザウイルスが感染した場合、その鶏に接触した人への感染ケースが報告されています。人に感染した場合、発熱、咳などのインフルエンザ同様の症状から、多臓器不全で死に至る重篤なものまで認められています。今後、鳥インフルエンザウイルスが突然変異し、人から人へ感染していく力を持つ強毒性で致死率の高い新型インフルエンザの発生と流行が心配されています。

(2)　**結核**

　結核は、咳とともに排出した結核菌の飛沫を吸い込むことによって空気感染する病気です。抗生物質のなかった時代では死に至る病気でしたが、その後、抗結核薬やツベルクリン検査、BCGの普及などによる予防策の効果で激減しました。

　しかし、最近では高齢者の発病や若者の間での集団発生が多く、まだまだ油断のできない病気です。

　感染からツベルクリン反応が陽性になるまで4～8週間程度かかり、その後3か月経過以降いつでも発症する可能性があります。結核が発症すると、微熱が続き、発汗、全身のだるさ、さらに血痰が出現することがあります。

　結核菌は全身をおかしますが、肺に感染巣を作ることがもっとも多いとされています。患者の痰に結核菌が認められ、感染力の強い状態のときは結核の専門病棟で治療を行う必要があります。

　日常の介護では結核の患者にあまり接することはありませんが、介護を要する高齢者や障害者は、体力の低下から昔に感染した結核が発症することがよくあるので、注意が必要です。

　定期的な検診（胸部レントゲン検査、無理なときは喀痰中の結核菌検査）を受けることや、血痰を認めたり、咳・痰・微熱が続くときは診察を受けるようにしましょう。

　また、介護者が結核にかかっていると、利用者にうつしてしまうことがありますので、必ず胸部レントゲン検査による定期検診を受けましょう。

　医師は結核と診断したら直ちに保健所へ届け出なければなりません。

(3)　**腸管出血性大腸菌感染症**

　1982（昭和57）年、アメリカでハンバーガーによる集団食中毒で初めて病原性大腸菌O-157が検出され、腸管出血性大腸菌感染症と診断されました。日本においても1996（平成8）年に各地で爆発的に発生し、12人の死者を出し問題となりました。小児や高齢者の患者が多く、5～10月に多く発症します。

　病原体は、O-157という大腸菌でベロ毒素を作る特徴があります。感染経路としては菌

に汚染された食品や、患者の便で汚染されたものに触れた手を介して起こる経口感染です。感染してから発症までは３～５日です。

　症状は通常、水様下痢と腹痛を発症し、続いて翌日には血便となり、さらに悪化すると鮮血を頻繁に多量に排出するようになります。約10％の患者は１週間後頃に溶血性尿毒症症候群（赤血球や血小板が血管内で壊れ、腎臓を傷害し尿毒症を起こす）となります。重症になると、意識障害や痙攣を起こすこともあります。

　疑いがあれば、ただちに医療機関を受診させます。医師は、腸管出血性大腸菌感染症と診断したらすぐに最寄りの保健所に届け出なければなりません。また、介護者は、患者や保菌者からの２次感染に十分な注意が必要です。

(4)　伝染性膿痂疹

　ブドウ球菌や連鎖球菌が皮膚に感染して、水疱、かさぶたを作るもので、非常に伝染性が強い疾患です。

　水疱ができるタイプのものを水疱性膿痂疹といい、夏季、子どもに多く発症し、えんどう豆大の水疱ができ、水疱の分泌物がつくと次々に広がります。

　かさぶたを作るタイプは、痂皮性膿痂疹といい、四季を通じて子どもにも大人にもみられます。膿をもった丘状の発疹が集まり、かさぶたをつくり、やはり分泌物で広がります。

　抗生剤入りの軟膏が有効ですが、内服薬も併用したほうが早く治るので広がらないうちに受診を勧めます。また、介護者は分泌物に直接触れない注意が必要です。

(5)　エイズ（後天性免疫不全症候群＝AIDS）

　エイズは、ヒト免疫不全ウイルス（HIV）の感染によって起こります。潜伏期間は比較的長いのですが、ほぼ100％発症します。

　ヒト免疫不全ウイルスは、免疫作用に欠かせないリンパ球に住みつきます。このためリンパ球が働けなくなり、免疫力が著しく低下します。通常なら免疫力で勝てるような細菌やカビ類に対しても抵抗ができず、いろいろな感染症（カリニ肺炎やカンジダ症など）にかかったり、カポジ肉腫ができたりします。つまり、身体がまったく無防備な状態におかれてしまうのです。

　性行為や輸血によって感染し、母子感染も報告されています。性交時のコンドームの使用、血液の取り扱いに注意することなど、感染を予防することが大切です。現在、有効な治療法も開発され、予後も良くなってきています。

　肝炎同様に、介護については、血液に注意すれば、一般の介護動作では感染しません。また、診断がついたら、医師は７日以内に最寄りの保健所に報告しなければなりません。

(6)　ノロウイルス感染症

　ノロウイルスは、以前は小型球形ウイルスと呼ばれてきたウイルスで、嘔吐、下痢などの急性胃腸炎症状を起こします。秋口から春先にかけて多くみられ、感染から１～２日の潜伏期をおいて発症し、通常数日の経過で自然に回復します。

　しかし、高齢者などの抵抗力の弱い人に対しては、脱水や窒息に注意をする必要があります。人への感染経路は、主に経口感染ですが、感染者の糞便・吐物およびこれらに汚染された物品類、汚染された食品類（カキなどの生貝）が主な感染源です。ウイルスは、症

状が消失した後も3～7日間ほど患者の便中に排出されるため、2次感染に注意が必要です。感染者より排泄された糞便および吐物は、感染性のあるものとして注意深く扱います。
　ウイルスの感染性を奪うには、次亜塩素酸ナトリウムなどによる消毒や、食品の場合は、85～90°で90秒間以上の加熱処理が必要です。感染防止策としては手洗いの励行が大変重要です。治療としてはノロウイルスの増殖を抑える薬剤はなく、輸液（点滴）や整腸剤などの対症療法のみです。

⑺　アシネトバクター
　アシネトバクターは、土壌や水中、住宅の湿った箇所に広く存在する細菌です。本来、健康な人が接触しても病気を起こすことはありません。しかし、免疫力の低下した患者の場合には、尿路感染症、肺炎や敗血症、手術部位感染症などを引き起こし、重症化することもあります。また、従来は多くの抗菌薬がよく効きましたが、近年、各種の抗菌薬に耐性（効かなくなる）を獲得したものがみられるようになり、院内感染症の原因となることが問題となっています。2010（平成22）年9月、都内の大学病院において47人の入院患者から多剤耐性アシネトバクター・バウマニ（MRAB）が検出され、この菌が原因で9人が亡くなりました。アシネトバクターは、通常、70％エタノールや50％以上の濃度のイソプロピルアルコール等により死滅します。

⑻　新型コロナウイルス感染症
　2019年12月初旬に、中国武漢市において新型コロナウイルス（SARS-CoV-2）感染症（COVID-19）の第1例目の感染者が報告され、感染は急速に広がり2020年3月11日にはWHO（世界保健機関）によりパンデミック宣言がなされました。わが国においても 2020年1月15日に最初の感染者が確認された後、感染は急激に拡大し、2020年2月12日に指定感染症と定められ2類相当として扱われることとなりました。一般的な症状は、発熱、咳、息切れ、疲労、嗅覚や味覚の喪失、筋肉痛などですが、重症化することがありこれまでに多くの患者が亡くなりました。主な感染経路はウイルスを含む飛沫またはエアロゾルと呼ばれるさらに小さな粒子を吸入することですが、ウイルスが付着した手で、目や鼻、口を触ることにより感染することもあります。日常生活での予防措置としてマスクの着用、ソーシャルディスタンスの実施、手洗いの励行は重要です。その後、幾つかの感染症ピークを経て、ウイルスの変異による病原性低下と、新たなワクチンの開発とその接種体制の確立、新型コロナウイルス感染症治療薬の創薬などにより2023年5月8日から「5類感染症」になりました。

Ⅲ　感染症の予防と対策

1　感染症の予防

　患者の感染の予防も大切ですが、介護者自身が感染しないように、また感染経路にならないようにするため、気をつけることもとても大切なことです。
　以下に、その対策を示します。
　①　訪問先に着いたら、まず手洗いをします。石鹸を泡立てて、30秒以上両手を強くこす

り合わせて洗い、流水で洗い流します。これは、外から運んできている病原体を洗い流すためです。

② エプロンを着けます。感染症患者がいる場合は、割烹着のような身体をなるべく広く覆えるものにします。エプロンの外側は、病原体がつくと考えてください。内側、つまり自分の側は守られます。髪も覆います。

③ 直接的な世話をした場合は、分泌物に触らないようにします。また、ひとつの世話が終わるたびに手洗いをします。1ケア、1手洗いが基本です。

④ もし、自分の手指に傷がある場合は、ゴム手袋をします。

傷口は感染を受けやすく、また、自分が何かのキャリアで感染源になる可能性もあるからです。

調理のときには、特に気をつけます。救急絆創膏類では予防できません。

⑤ ほとんどないと思いますが、血液には直接触らないことが大事です。万一触れた場合は、すぐに洗い流します。

⑥ 仕事が終わった後は、手洗いをしてエプロンを取り、外側を内にしてたたみます。このとき、外側は病原体がついている可能性がありますから、外側をつかまないようにします。

⑦ 必要があれば、もう一度手洗いをします。

⑧ 空気感染、飛沫感染のおそれがあるときは、マスクを着用します。

2 適切な消毒方法

(1) 消毒の種類と特徴

感染予防では、まず手洗いとうがい、口腔内ケアの励行が大切です。また、患者に対し不安をあおらないように、納得のいくまで説明をすることが必要です。

① 熱を利用した消毒法（図表3－13）

生体や環境への毒性を考えると最適な消毒法は熱を利用したものですが、熱が利用できないとき、すなわち身体の消毒、環境の消毒、熱に弱い医療器具、熱消毒の設備がない場合などは消毒薬を用います。

図表3－13　主な熱消毒法

流通蒸気法	100℃の蒸気の中で30分～60分間加熱する
煮沸法	沸騰水の中で15分間以上煮沸する
間歇法	80～100℃の熱水または水蒸気中で、1日1回30～60分間ずつ、3～6回加熱を繰り返す。加熱していないときは、20℃以上で微生物の発育至適温度に維持する
熱水消毒	80℃10分間の処理で、芽胞以外の一般細菌、ウイルスを感染可能な水準以下に死滅または不活性化できる

② 消毒薬を利用した消毒法

消毒薬は、皮膚、創傷、粘膜、機器、床、病室、スリッパなど、広い範囲において病

原菌を殺す目的で用いられます。消毒薬は、皮膚、粘膜、創傷はポピドンヨード、塩化ベンザルコニウムなどを用い、床などは中性洗剤、機器はグルタラールなどをそれぞれ適切に選択し用います。

　現在、多く用いられている消毒薬には、アルデヒド、塩素、アルコール、ヨウ素、フェノール、界面活性剤などがあります。これらの薬物は、おのおの有効な微生物の種類が決まっていますが、これからはずれる微生物に対しては無効です。通常、㋑一般細菌、酵母様真菌、㋺糸状真菌、㋩ウイルス、結核菌、㋭細菌芽胞（バシラス属、クロストリジウム属）の順に消毒薬に対する抵抗性は増加します。

　また、狂牛病やヤコブ病の病原体であるプリオンの抵抗性は、細菌芽胞をさらにしのぐことが報告されています。十分な消毒効果を得るためには、用途や目的とする菌種を考えて消毒薬を選び、薬物濃度、作業時間、使用温度などの条件を満たす必要があります。

3　感染症への対応―正しい予防法を

　感染症は病原体が引き起こしますが、病原体が人から人にうつるもののほか、虫から人にうつるもの、空気中にいて人にうつるものなどがあります。

　人から人にうつる場合でも、うつり方（感染経路）にいろいろあります。直接接触によるもの、血液を介するもの、性行為によるものなど、それぞれの病気によって違っています。

　感染経路がわかっている病気は、そこで予防ができます。うつるからといって、むやみに怖がらず、正しい予防法をとることが大事です。

　例えば、エイズの患者と握手したからといって、うつるわけではありません。患者に必要以上の負担を与えず、同時に介護者が感染を受けないように、予防方法に気をつけましょう。

　また近年、インフルエンザウイルス、肺炎球菌などに対するワクチンが使われて効果を上げており、今後、さらに広く用いられると考えられます。

今後の学習のための　🔑キーワード

◎病原体　　◎宿主　　◎感染経路　　◎ウイルス

◎細菌　　◎寄生虫　　◎潜伏期　　◎免疫力　　◎日和見感染

◎MRSA感染症　　◎耐性　　◎ウイルス性肝炎

◎キャリア　　◎疥癬　　◎誤嚥性肺炎　　◎沈下性肺炎

◎転移性肺炎　　◎肺炎球菌ワクチン　　◎尿路感染症

◎梅毒　　◎インフルエンザ　　◎インフルエンザワクチン

◎新型インフルエンザ　　◎鳥インフルエンザ　　◎結核

◎腸管出血性大腸菌感染症　　◎病原性大腸菌O-157

◎伝染性膿痂疹　　◎エイズ　　◎ノロウイルス感染症

◎アシネトバクター　　◎熱消毒法　　◎消毒薬

（執筆：山中健次郎）

第3章―3
4　感染症対策

1　介護職の心身の健康管理

　　介護職は、専門職のなかでも利用者にもっとも身近で影響を与える立場にあります。そのような介護職が、利用者に役立つ環境の一部であるためには、介護職自身が心身ともに健康であることが重要です。また、このことはケアの質を高めるチームケアの前提ともなります。

　　そこで、介護職が腰痛やストレス等に対する心身の健康管理の方法を学び、セルフケアができるようになることが大切です。

　　ここでは、
① 介護職の健康管理
② 介護職に起こりやすい健康障害
③ 腰痛予防
④ 感染症の予防
⑤ ストレスマネジメント
について理解してください。

Ⅰ 介護職の健康管理

1　介護の質に影響を与える健康管理

　介護サービスの特徴は、介護職の専門性や資質がケアの質となって現れることにあります。また、介護職と利用者との相互作用（そうごさよう）も強いため、利用者のQOLなどへの影響が大きくなります。したがって、どんなに介護サービスの制度や施設を整えても、利用者へのケアの質を保証するには、介護職はもちろんのこと、介護現場も一体となった介護職の心身両面での健康管理が重要になります。

　介護というと、ベッドから車いすへの移乗等、力を要する身体介護のイメージが強いかもしれませんが、利用者の安全・安心とともにQOLを高めることができるよう、利用者との信頼関係を基盤（きばん）とした質の高い介護を継続して提供することが重要です。そのためには、利用者の身体面だけでなく、利用者との深い信頼関係を育むコミュニケーション、些細（ささい）な異常に気づくことができる観察力、介護事故（転倒（てんとう）、転落（てんらく）、誤飲（ごいん）、感染症等）を予防できるきめ細かな介護とともに、先進的な介護技術を率先（そっせん）して学ぶといった、介護職自身の意欲の向上も必要となります。

　このような介護を提供できるようになるためには、介護職がゆとりを持ち、日々の介護に打ち込めるようになることが望まれます。

2　介護職の権利

　介護職の健康管理には、介護職自身の身体面・精神面の健康を保障することのできる労働環境の整備が必要不可欠であるとともに、労働環境についての知識も重要です。

　また、利用者へ質の高い介護をチームとして提供していくためには、介護職が心身ともに健康であり続け、やり甲斐を持ち介護職としてのキャリアを重ねることができる労働環境も求められます（第1章―1「2　キャリアパスの資格取得要件」を参照）。

　ここでは、主に介護職の心身の健康管理の方法や、セルフケア能力を高めることを中心に学びますが、事業所等は労働環境を整えていくことが欠かせません。介護職のセルフケアだけでは困難であると感じた時には、すぐに先輩や管理者に相談したり、健康障害を抱えたまま介護にあたることのないような職場へと改善するよう協力していくことも必要です。

　定期的な一般の健康診断とともに、腰痛予防定期健康診断も受けましょう。医師が必要と認める時は、介護方法の見直し等の対策をとることも大切です。

　また、2014（平成26）年に改正された労働安全衛生法では、ストレスチェックの実施を事業者に義務付けました（ただし、従業員50人未満の事業場については当分の間努力義務）。事業者は、ストレスチェックの結果を通知された労働者の希望に応じて医師による面接指導を実施し、その結果に基づき、医師の意見を聴いた上で、必要な場合には、適切な就業上の措置（作業の転換、労働時間の短縮等）を講じることとなります。このように、従来のストレスマネジメント（「Ⅴ　ストレスマネジメント」を参照）に加え、制度的にもストレス対策が整備されましたが、介護事業所の多数を占める小規模事業所の場合は努力義務となっているため、就業後、職場にてストレスチェックが実施されているかを確認することが大切です。

Ⅱ 介護職に起こりやすい健康障害

1　身体面

　マヒなどが原因で動くことが困難な利用者のQOLを高めるには、利用者を起こしたり、移乗する介護が基本です。このような移動・移乗の介護は、前傾姿勢や中腰などの無理な姿勢での動作を頻回とするため、介護職の腰痛の原因となります。また、食事介助や生活援助等の動作による肩こりから、頭痛や不眠を招くこともあります。

　さらに、夜勤や夏場の勤務では生活リズムを保ちにくく、十分な睡眠がとれないために慢性的な疲労を感じることも少なくありません。これらの状況が続けば、バランスのよい食事も摂れなくなり、介護職自身の免疫力が低下するなどして、不用意な介護から感染症にかかることもあるでしょう。

2　精神面

　介護現場で献身的努力をいとわないような責任感の強いタイプの介護従事者は、燃え尽き症候群（バーンアウト・シンドローム）＊になり、離職してしまうことがあります。

＊燃え尽き症候群（バーンアウト・シンドローム）：仕事などに対して献身的に努力した人が慢性的で絶え間ないストレスが持続するなか、期待した結果が得られないときに徒労感や欲求不満、無気力など、機能しなくなってしまう症状のこと。対人援助職などに多くみられる。

第3章―4

1

介護職の心身の健康管理

> 例1）介護計画どおりでは限界を感じ、上司に相談しながら利用者の願いを叶えたいと試行錯誤した結果、対応できずに自信をなくして仕事を辞めたいと考えるようになります。
>
> 例2）腰痛があったが、準備体操をしないまま移動介護をした際、利用者とともに転倒しました。さらにほかの利用者でも同様のことが起こるように思え、介護するのが怖くなります。
>
> 　例1、例2のように利用者や家族との関わり方も、学習してきたようにはうまくいかないことも多いため、自らの未熟さや事故が起きてしまったことを悩み、うつ的な気持ちになることもあります。また、腰痛や風邪による体調不良がヒヤリハットの原因となり、介護に自信をなくしてしまう場合もあり、介護職の心身不調は相互に悪い影響を与えます。

　介護職の健康障害について、身体面と精神面に分けてみてきましたが、腰痛や感染症も、精神面が原因で起きたり、悪化したりすることがあります。また、ストレスの原因は、腰痛等の身体症状であることも少なくありません。まずは、主な身体面の健康障害の対応を学び、精神面への対策としてストレスマネジメントを理解するようにしてください。

Ⅲ　腰痛予防

　腰部への負担を放置していると椎間板ヘルニアを発症することもあります。また、腰痛を理由に離職することもあるため、腰痛を予防することは重要です。腰痛を招く「持ち上げる、ひねる、曲げる」等の動作を避けることはできないため、ボディメカニクス（図表4－1）の活用を習得するとともに、介護業務前・中・後に、疲労の蓄積度合いに応じて腰痛予防のためのストレッチング（図表4－2）などを実践するようにしましょう。

　ボディメカニクスとは、身体の骨格系、筋系、神経系および内臓器官などの形態と機能の特性を捉え、これらの相互作用によって起こる姿勢や動作の総称をいいます。

　ボディメカニクスを介護に活用することにより、利用者だけでなく介護職自身の負担を少なくできます。

図表4－1　ボディメカニクスの原則

① 利用者に近づく（重心を近づける）
② 対象を小さくまとめる（摩擦を少なくする）
③ 支持基底面積を広くする（安定を図る）
④ 膝を曲げ重心を下げ骨盤を安定させる（姿勢の安定を図る、下肢筋力を活用しやすくする）
⑤ 足先を動作の方向に向ける（身体をねじらずに姿勢の安定を図る、重心移動をしやすくする）
⑥ 大きな筋群を使う（大きな力を活用することで疲れにくい）
⑦ 水平に移動する（重心の高さが変わらない）
⑧ テコや遠心力の原理を応用する（少ない力で大きく動かす）

＜ボディメカニクス以外の腰痛対策のポイント＞

- できる限り「全介助」ではなく、「部分介助」を促す。
- できるだけ声かけをして、自然な動きの活用、タイミングを図る。
- 対象となる利用者の体格や介護方法を考慮し、必要に応じて2人で介護する。人数を確保できない場合は、職場に要望する。
- 近年注目されている持ち上げない移動・移乗の技術を取り入れる。
- 介護の物理的環境を工夫するとともに、福祉用具や身近な道具の活用を積極的に図る。
- 腰部保護ベルトは、腹筋を上げて腰椎（ようつい）の圧迫を軽減する効果がある。単に装着するだけでは腰痛を悪化させることもあるため、医師の診断を受け、正しく使用する。同時に腹筋と背筋等を強化するよう努める。

図表4-2　介護・看護作業等でのストレッチング

廊下、フロアなどで行うストレッチング

　介護施設には手すり、テーブル、椅子、受付カウンターなどがあります。それらをストレッチングの補助道具として利用します。

a. 手すり、椅子などを利用した大腿前面（太ももの前側）のストレッチング

20～30秒間姿勢を維持し、左右それぞれ1～3回伸ばします

b. 手すり、椅子などを利用した下腿後面（ふくらはぎ）のストレッチング

20～30秒間姿勢を維持し、左右それぞれ1～3回伸ばします

c. 手すり、壁を利用した体側の　　　　　　d. 手すり、壁を利用した大腿外側部（太ももの外側）・
　　ストレッチング　　　　　　　　　　　　　臀部（お尻）・腹部のストレッチング

20～30秒間姿勢を維持し、　　　　　　壁に背を向けて立ち、上体を壁に向けひねります。
左右それぞれ1～3回伸ばします　　　　20～30秒間姿勢を維持し、左右それぞれ1～3回伸ばします

e. 手すり、机などを利用した上半身のストレッチング

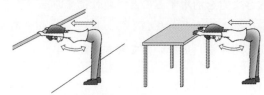

20～30秒間姿勢を維持し、1～3回伸ばします

f. 手すりを利用した背中のストレッチング　　g. 廊下やその他のスペースで行う大腿後面
　　　　　　　　　　　　　　　　　　　　　　　　（太ももの後ろ側）のストレッチング

出所：『職場における腰痛予防対策指針及び解説』厚生労働省、P51-52、2013年

※腰痛予防の体操のためのストレッチは、本図だけではありません。職場や理学療法士等が推奨する体操等、多
　くの情報が得られますが、症状がある場合には専門医に相談しながら取り組みましょう。

Ⅳ　感染症の予防

1　感染症

　介護サービスの利用者は入院患者と違い、さまざまな感染症の検査をしているわけではあ
りません。介護職は利用者に失礼という思いから、手袋（てぶくろ）を使用せずに排泄物（はいせつぶつ）に触れるよう
な排泄ケアを行う場合が見られますが、手指に傷がある場合等は、自らの感染を予防するた
めにも手袋は必要です。さらに、感染症予防（利用者を守る）のためには、介護職が感染症
の媒介者（ばいかいしゃ）にならないための対応策として、最初の段階で手袋を使用する必要性について利用
者や家族に説明することが重要です。

　利用者や家族が素手（すで）で排泄ケアをしてほしいと要望する場合には、看護職や管理者などか
ら説明してもらえるよう相談してみましょう。また、排泄ケアの場面はもちろんのことです
が、食事やレクリエーション等の介護を通じて、利用者が大切な存在であることを理解して
もらえるように努めてください。

　集団感染を防止するためには、うがいや手洗いを励行（れいこう）するとともに、ワクチンの接種（せっしゅ）を受
けるようにしましょう。風邪（かぜ）に罹患（りかん）しながらも、多忙なために医療機関を受診せず市販薬（しはんやく）を
飲み続けて悪化させることも少なくありません。早めの受診とともに、どのような行為が風
邪を招いたかを振り返り、その後の風邪予防に活かすことが望まれます。また、免疫力（めんえきりょく）を
高めるような生活習慣を心がけましょう。

2　基本的な手洗いの励行（れいこう）

　感染症のない利用者の場合でも、介護行為後に流水で手洗いをすることが重要です（図表
4−3）。とくに手指と爪（つめ）（短く切っておく）の間などは、洗っているようでも菌（きん）がたまり
やすいものです。流水と石けんでの手洗いができない場合は、消毒薬で手を拭く方法もあり
ます。

図表4－3　基本的な手洗いの方法

〔手洗いの基本〕
① 石けんを使い十分にこすり洗いをし、水で洗い流すことにより、ウイルスは大幅に減少します。
② 手洗い後の手拭用タオルは共用せず、ペーパータオル等を使い毎回タオルを交換するか、個人用タオルを利用してください。
③ 水道の蛇口は洗う前の手で触れているので、手と一緒に洗うかペーパータオルを利用して蛇口を閉めると、手の再汚染を防ぐことができます。自動水栓、足踏み式水栓、レバー式水栓などが効果的です。

〔手洗い前のチェックポイント〕　〔汚れが残りやすいところ〕
◎爪は短く切っていますか？　　◎指先や爪の間
◎時計や指輪をはずしていますか？　◎指の間
　　　　　　　　　　　　　　　◎親指の周り
　　　　　　　　　　　　　　　◎手首
　　　　　　　　　　　　　　　◎手のしわ

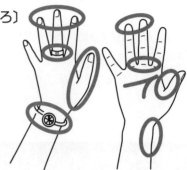

①石けんをつけ、手のひらをよくこすります。

②手の甲をのばすようにこすります。

③指先・爪の間を念入りにこすります。

④指の間を洗います。

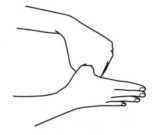

⑤親指と手のひらをねじり洗います。

⑥手首も忘れずに洗います。

＊①～⑥で30秒が目安です。

⑦その後、十分に水で流しペーパータオルや清潔なタオルでよく拭き取って乾かします。

出所：東京都福祉保健局「社会福祉施設等におけるノロウイルス対応標準マニュアル　ダイジェスト版」

Ⅴ　ストレスマネジメント

1　ストレスの特徴

　「ストレス」という用語は日常でも使用され、一般的には否定的(ひていてき)なイメージがありますが、本来の意味は、ストレッサー(刺激：ストレスの原因)に対するこころとからだの反応を意味しています。ストレスの原因(疲れ、腰痛、利用者との関係等)には個人差がありますが、

ストレスに対する反応は、その調整要因により大きく異なります。図表4－4に示すように、ストレスのメカニズムを理解し、ストレスに対処する力を持つことが重要です。

　ストレスの定義からもわかるように、適度なストレスは、介護職のスキルアップや、やり甲斐には必要なものと捉えられます。

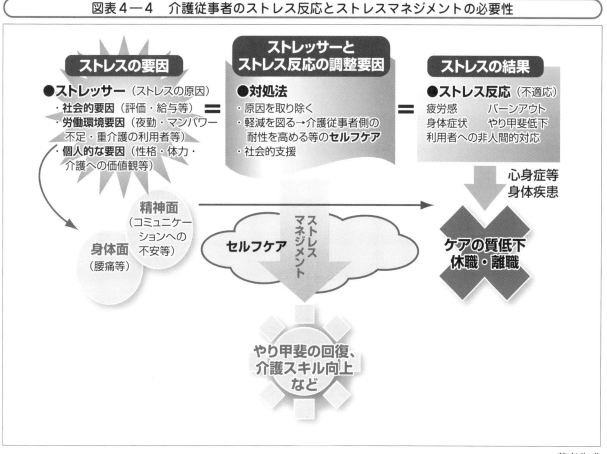

図表4－4　介護従事者のストレス反応とストレスマネジメントの必要性

著者作成

2　介護現場のストレスの特徴

　介護は、移乗や入浴介助等の身体介護が多いというイメージが強いかもしれませんが、介護計画のほか、申し送りや記録を書く等の知的な側面が重要です。また、利用者や家族との関わりにおいては、喜びややり甲斐を感じる一方、専門職間との葛藤などもあるとされており、感情面でのコントロールが難しいといえます。

　介護労働安定センターの調査などから、専門的な介護業務は、一般的にやり甲斐がある一方でストレスが高く、身体、知的、感情の側面のアンバランスが指摘されています。

3　ストレスマネジメント

(1)　メンタルヘルス指針における4つのケア

　職場の管理者の義務として、次のようなメンタルヘルスケア（こころの健康対策）の指針があります。介護現場でも、まずは介護職によるセルフケアが重要となります。

＜メンタルヘルス指針における４つのケア＞（労働安全衛生法の規定に基づく）

① セルフケア（労働者が自ら行うストレスへの気づきと対処）
② ラインによるケア（管理監督者が行う職場環境等の改善と相談への対応）
③ 事業所内の産業保健スタッフ等によるケア
④ 事業所外の資源によるケア

⑵　ストレスマネジメントの重要性

　介護の現場では、身体面と精神面からくるストレスが相互に悪影響を及ぼし、ストレスが継続したり、起きてしまった問題を前向きに考えることができず、さらに深刻な精神状態へと陥る等、介護職の健康障害には悪循環がみられることもあります。そこで、ストレスを管理することが重要となります。

　ストレスマネジメントとは、介護職の受けやすいストレスに対して積極的に対処することで、ストレスを緩和・解消していこうとする方法です。介護を継続するうえで避けられないストレスとうまく付き合うことで、ストレスからの悪い影響を防ぐこと等ができます。

4　セルフケアの重要性

　バーンアウトのような負のサイクルを断ち切るには、ストレスマネジメントを踏まえ、セルフケアを図る必要があります（図表４－４）。

　介護職のストレスの要因としては、具体的には、多忙で個別ケアが行えない、利用者との関係に悩む、休みが連続して確保できない、給与が低いなどがあげられます。このようなストレスの要因があっても、ストレスの傾向やその対処方法を自覚できていれば、セルフケアにより、適度なストレスとして捉えることができ、やり甲斐のあるケアへのモチベーションが高まります。

　例えば、A介護職員は、ある利用者の実現困難な願いを介護目標にしていたためにバーンアウト寸前でした。上司から、介護計画が現実的に叶わないこともある、というスーパービジョンを受け、客観的に介護状況をストレッサーとして考えられるようになりました。A介護職員にとって、目標達成型の介護では疲れるばかりでしたが、目標に近づける介護（目標指向型の介護）の考え方を理解することで、できない状況を受けとめ、できた部分をポジティブに捉えられ、やり甲斐を持って利用者の介護にあたることができるようになりました。

　セルフケアの観点から、ストレスの要因等への気づきをもとに、ストレスの緩和や解消のための気分転換を図ったり、リラクゼーションといったセルフコントロールのための方法をたくさん確保することが重要です。また、次項に労働環境面をあげていますが、生活の場についても、睡眠や入浴、食事を楽しめる環境として整えておくことが大切です。

　ストレスの予防・緩和・解消のために、自らが次項の「予防的取組と早期発見」を実行することは、セルフケアの向上につながります。

5　予防的取り組みと早期発見

　介護職自身がどんなに努力をしても、介護職のストレスは複雑なため、物理的な労働環境が整えられることが前提となります。本来ならば、事業所側が積極的に労働環境を整える責任がありますが、そうでない場合には、職場に対して同僚とともに要望を伝えることも、時には必要です。日々の介護業務のなかでストレスが生じないように、職員全体で考えていけ

るような職場環境について確認しましょう。

＜整備された労働環境＞

① 日頃から同僚と不安や愚痴を気軽に言える場があること

② 悩みや業務上の困難さを先輩や管理者に相談する機会（スーパービジョン）や研修の機会が得やすいこと（定期・随時）

③ 体調不良を感じた時には勤務交替しやすい職場風土があること

④ リフレッシュできる休暇制度や、必要なシフトへの配置転換などが可能であること

⑤ 課題解決などの知識・技術を高められるような体制づくりなど、モチベーションや、やり甲斐が喚起しやすいこと

⑥ 日常業務の見直しや、休暇・夜間、新人職員などの人員配置への配慮がなされていること

⑦ ストレスチェックの実施とその対応（医師による面談、適切な措置）がなされていること（労働安全衛生法）

介護職は、ストレスのある状態を異常と考えずに放置し、悪化するまで我慢してしまう傾向があります。次のような症状がないかをセルフチェックしましょう。

＜ストレス症状の理解＞　セルフケアとして活用しましょう。

① 心や考え方に現れる場合
・不安、イライラ、不機嫌、落ち着きがなくなる、意欲がわかない、集中できない
・介護への気持ちが変わる：面倒になる、意義を感じられない、思いどおりにならない、役に立たない、完璧にできない

② 身体に現れる場合
・頭痛や肩こり　・熟睡できない　・疲れやすい　・食欲不振　・便秘や下痢
・動悸がする　・高血圧になる　・胃潰瘍

③ 行動に現れる場合
・笑えなくなり、攻撃的になる　・喫煙や飲酒が増える

＜セルフケアとしての健康管理＞

① バランスよく免疫力を高める食事（良質なタンパク質、ミネラル・ビタミン、抗酸化作用のある食品類）
・不規則な勤務や忙しい勤務中でも、食事は抜かないように心がける

② 疲労回復を図る十分な睡眠
・規則正しい生活が原則だが、夜勤等の変則勤務がある場合は、自分なりに入眠しやすい環境（入浴、ストレッチ、アロマ、枕やマット）を整え、夜勤前後に十分な睡眠を確保する必要がある。眠たくなくても目を閉じて横になることが大切である

③ 効果的なリラクゼーションや適度な運動
・入浴や散歩等のほか、座位や立位で短時間でも実施できるストレッチ等を活用する

④ リフレッシュできる交流や趣味
・好きなことをして楽しむ機会を多くする

⑤ 自分への褒賞
・目標を達成できた時や1か月に1回等、ご褒美として実感できることを行う

⑥ 定期的な健康診断
・生活習慣病等の兆候を発見するためにも、信頼できる医療機関で経年的に受診することが望ましい

⑦ 先輩や管理者等への相談
・悩みを抱え込まず、アドバイスやスーパービジョンを受けることが望ましい。

　介護職としてセルフケアを実践できるよう、生活支援技術を理解するとともに、第1章で学んだように、介護へのモチベーションにもつなぐことができるようにしましょう。

◎生活支援技術　　◎ボディメカニクス　　◎腰痛予防
◎ストレスマネジメント　　◎セルフケア　　◎リスクマネジメント

（執筆：嶌末憲子）

1　介護ロボット・ICTの活用

介護現場では、介護ロボット・ICT（情報通信技術）の導入が進められています。
　介護ロボット・ICTの導入の目的は「業務効率化と介護の質の向上」にありますが、導入すればすぐにその効果が現れるわけではなく、業務改善とあわせて進めていくことが重要です。
　ここでは、
① 福祉用具・介護機器の活用
② 介護ロボット・ICTの導入
③ ３つの公的なデータ処理システム
④ 介護の未来をひらく介護DX（デジタルトランスフォーメーション）
について理解してください。

Ⅰ　福祉用具・介護機器の活用

　介護の仕事は、その大部分が、介護サービスの利用者と介護サービスを行う介護職の人と人との関係で成り立っており、特に直接生活介助（利用者の身体に直接触れる入浴、排泄、食事等の介護）の部分については、機械化や電子化になじみにくいと考えられてきました。しかしながらそのような中でも、介護職の業務負担の軽減に役立つ各種の福祉用具・介護機器の開発が進められ、実際にその活用が進められてきています。

　例えば利用者をベッドと車いすなどの間で移乗させるなどの際に、介護職が利用者を持ち上げたり抱きかかえないようにするケア（**ノーリフティングケア**）に用いるため、スライディングボード・スライディングシートやリフト（天井レール型・ベッド固定型・スタンディング型・床走行型などがあります。）などの福祉用具・介護機器が開発され、実際に介護職の業務負担軽減や腰痛防止に役立っています。

Ⅱ　介護ロボット・ICTの導入

1　介護ロボットの導入

　近年、「介護ロボット・ICT」の開発が進んできており、介護現場への導入が進められてきています。

　「介護ロボット」というと、AI（人工知能）で動く人間型ロボットが介護職に代わって自律的に直接生活介助を行うイメージがありますが、現在のところそこまで機能する機器はまだ開発されていません。一般的にロボットとは、①情報の感知（センサー系）、②判断（知能・制御系）、

③動作（駆動系）という3つの要素技術を有する知能化した機械システムをいいますが、「介護ロボット」とは、ロボット技術が応用され利用者の自立支援や介護者の負担の軽減に役立つ介護機器、つまり「ロボット技術を応用した介護機器」を意味します。厚生労働省と経済産業省では、「介護ロボット」を6分野13項目に分類してその開発と活用を促進しています。

【介護ロボットの分類】

1．移乗介助		
	a 装着型	介護職員が腰などに装着し移乗支援業務に取り組む際の腰の負担を軽減する機器（パワーアシストスーツ、マッスルスーツ）
	b 非装着型	介護職員・高齢者が装着せずに移乗を支援する機器
2．移動支援		
	a 非装着型・屋外	利用者が装着せずに座るなどして屋外で移動できる機器
	b 非装着型・屋内	利用者が装着せずに座るなどして屋内で移動できる機器
	c 装着型	利用者が装着して歩行などの移動を支援する機器
3．排泄支援		
	a 排泄物処理	移動可能な水洗式トイレ
	b トイレ誘導	膀胱の膨らみを感知して排尿のタイミングを知らせる機器
	c 動作支援	衣類の着脱などトイレ内の排泄に関わる動作を支援する機器
4．見守り・コミュニケーション		
	a 施設	利用者の見守りシステム（センサー）
	b 在宅	高齢者宅に設置し、転倒等の異常を感知した際に自動的に介護スタッフへ通報する機器
	c 生活支援	高齢者とのコミュニケーションにロボット技術を用いた生活支援機器
5．入浴支援		高齢者が浴室から浴槽に移動する際や、湯船につかるまでの一連の動作を支援するための機器
6．介護業務支援		介護ロボットが収集した情報（見守り・移動支援・排泄支援データ）を蓄積し、高齢者への支援に活用するシステム機器

2　ICTの導入

①　介護ソフト

ICTはさまざまな業務の分野に応用されてきていますが、介護現場においても業務の効率化に役立つICT機器やソフトウェアを活用する流れが加速しています。中心になるのが、介護現場におけるさまざまなデータ処理を効率的に行うことに役立つ「介護ソフト」と呼ばれるソフトウェアであり、通常介護事業所の事務室に置かれたパソコン等で利用します。

日々の介護業務においては、利用者に対するケアの状況や利用者の状態像などをカルテのように記録して、他の介護職と情報共有したり介護の質の向上に役立てる作業が必須となりますが、「介護ソフト」はこれまで紙媒体で行われてきたこれらの作業を電子化して効率化することに役立っています。そのほか「介護ソフト」には、介護職の相互の連絡・情報共有や勤務時間管理などさまざまな機能のある製品があります。

②　各種ICT機器とのデータ連携

　「介護ソフト」は、その業務効率化の効果を高めるために、各介護職が携帯するタブレット、スマートフォンやナースコール端末などと無線（WiFi）で連動させて活用することが進められており、マイクやスマートフォンによって音声入力した内容をテキスト変換してデータ入力を行える機能も開発されています。また介護職同士のチームワークのためにインカムを活用する入所・居住系介護施設もあり、訪問系介護事業所においても、各介護職が携帯するスマートフォンなどと「介護ソフト」との間でデータ連携をすることが進んできています。

③　各種見守りセンサー・カメラ

　介護現場では、利用者の状態像をリアルタイムでモニターできる見守りセンサーの導入も進んできています。見守りセンサーは、利用者のベッド下に敷くシートマット型やベッド内蔵型

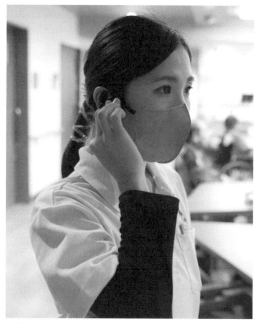

介護職のチームワークのためインカムを導入する事業所も増えている（写真提供　社会福祉法人まごころ　協力　株式会社インフィック・コミュニケーションズ）

があるほか、天井、床、ドア、便器や机の上に設置するものなどさまざまなものがあります。その多くは「介護ロボット」に該当します。

　利用者の下腹部に貼り付けて膀胱に尿がたまった状況を感知できるセンサーもあります（「排泄支援」用の介護ロボットに該当します。）。

　また利用者の居室にモニターカメラを設置する場合もありますが、プライバシーに配慮してあえて白黒シルエット画像でモニターする場合が一般的です。これらの見守りセンサーやカメラでは、①動作検知（利用者がベッドから離床して立ち上がろうとする動きなどを検知）、②バイタルセンシング（利用者の心拍・呼吸などを把握）、③睡眠可視化（利用者の就寝リズム・覚醒状態を把握）などが可能となり、そのモニターデータを介護事業所の事務室に置かれたパソコンや、介護職の携帯する端末でチェックをすることができます。

　これらを活用することによって、例えば入所・居住系介護施設において、介護職は施設内のどこにいても自分の端末でセンサーのアラームが鳴ったときに居室のモニターカメラ映像を確認して、訪室（介護職が利用者の状況を確認したり必要なケアを行うために利用者の居室を訪問すること）をすぐに行うべきかどうかの判断を行うことができますし、夜間も事務室で待機してモニターチェックをすることで、訪室の回数を減らしながらも転倒防止や排泄を促す自立支援のケアを的確に行うことができます。これらを通じて業務効率化による介護職の業務負担軽減と介護の質の向上を図ることができます。

Ⅲ　公的なデータ処理システム

　厚生労働省は介護現場の業務効率化や介護の質の向上を図るための次のシステムを開発しています。介護事業者は事務室のパソコン等からインターネット経由でアクセスしてこれを利用しますが、介護ソフトはこれらのシステムとデータの連携を図れることが一般的です。

① **電子請求受付システム（介護保険請求システム）**
　　介護事業所が介護報酬を請求するために用いるシステム。

② **ケアプランデータ連携システム**
　　居宅系介護事業所と居宅介護支援事業所（居宅ケアマネ事務所）との間でのケアプラン等のデータ交換を行うシステム。

③ **LIFE（科学的介護情報システム）**
　　介護記録データを送信するとそれを分析したフィードバックデータを受け取ることができるシステム。データに基づいて科学的に介護の質の向上を図る取り組み（科学的介護）に活用することができます。

Ⅳ　介護の未来をひらく介護DX

　介護ロボット・ICTは、「業務効率化と介護の質の向上」（介護現場において「生産性向上」というとき、このことを意味します。）を目的とするものですが、導入すれば直ちにその効果が出てくるというものではありません。まずは、介護ロボット・ICTの導入によって介護業務のどこの部分を効率化し、どんな形で介護の質の向上を図るかという意図を明確にすることが重要です。このことを検討していくと、効果をあげるには介護の業務の流れや方法そのものを見直したほうがよい場合が多くなります。簡単な例でいえば、これまで介護記録を紙に記録していたものを後から介護ソフトにキーボード転記入力するだけでは業務は効率化しませんが、スマートフォンで随時音声入力するようにしたら相当な業務の効率化になります。このような業務の流れや方法そのものを見直すことを「業務改善」といいます。

　また、LIFE（科学的介護情報システム）においても、介護記録データをシステムに送信してそれを分析したフィードバックデータを受け取るだけでは「科学的介護」は実現しません。どういう状態の利用者にどんなケアを行ったら一定期間後にどんな状態になったかということのデータ分析を、フィードバックデータを活用しながら行い、それによって実際のケアのやり方を利用者の状態に合わせて調整していくことで、介護の質の向上を図ることができます。このような取り組みを進めていくことによって、介護の手法自体をデータに裏付けられた高度なものに進化させていくことが期待されます。

　一般にICTを導入することによってICTを適用する業務のやり方自体までを変革することを「DX（デジタルトランスフォーメーション）」といいますが、介護ロボット・ICTの導入を契機に業務改善によって介護現場の業務のやり方自体を未来型に変えていくことを「介護DX」といい、多くの介護現場でこの取り組みが始まっています。

（執筆：北條憲一）

〔参考文献〕

① 「平成24年度　介護労働実態調査結果について」介護労働安定センター，2011

② 「介護福祉」（特集　介護におけるモチベーションとストレスマネジメント）社会福祉振興・試験センター，2008

③ 「平成16年度　介護労働者のストレスに関する調査」介護労働安定センター，2005

④ 「社会福祉施設における安全衛生対策マニュアル～腰痛対策とKY活動～」厚生労働省・中央労働災害防止協会，2009

⑤ 小島ブンゴード孝子「北欧に学ぶやさしい介護～腰痛をおこさないための介助テクニック」ワールドプランニング，2009

⑥ 岩本操「高齢者福祉施設におけるサービスマナー実践ワークブック」東京都社会福祉協議会老人福祉部会職員研修委員会，2004

⑦ 「介護福祉　特集職場環境と健康管理」（2014夏季号）No.94，社会福祉振興・試験センター，2014

⑧ 「社会福祉施設における安全衛生対策－腰痛対策・KY活動」厚生労働省・都道府県労働局・労働基準監督署，2011

⑨ 石田一紀「人間発達と看護労働」かもがわ出版，2012

理解度確認テスト（○×式）

第3章　介護の基本（15問）

問　題

Q1　訪問介護サービスにおいては、プライバシーの保護の観点から、利用者の近所づきあいの様子まで配慮する必要はない。

Q2　施設介護サービスでは、利用者の生活は、チームケアで支援するため、他職種との連携が大切である。

Q3　介護職の提供する介護の専門性とは、利用者の尊厳を大切にして介護計画に沿って介護のプロセスを明確にし、知識や技術を活かして、それを応用できる能力である。

Q4　介護は、利用者の身体的な能力の理解が重要であり、趣味や嗜好までの理解は求められていない。

Q5　社会福祉士と介護福祉士は、「社会福祉法」によって制度化された職種である。

Q6　介護福祉士は「業務独占」の資格である。

Q7　社会福祉士や介護福祉士が「正当な理由がなく、その業務に関して知り得た人の秘密を漏らしてはならない」ことは、法律で規定されている。

Q8　介護における事故の発生を予防するためには、介護に関する正確な知識・技術を身につけるとともに利用者の身体状況を把握しておくことで、危険を予知できる確率も高まる。

Q9　介護における事故の予防には、危険の予知が重要で、事故に至らないまでも、「ヒヤリ」としたり、「ハッ」とした事例を「ヒヤリ・ハット」といい、危険因子を探し出すための重要な材料となっている。

Q10　「苦情（クレーム）」は、事故予防のためのリスク（危険）の中に含まれない。

Q11　利用者が誤嚥を起こした場合は、急いで医療職に伝えることを第一に行えばよく、介護職は指拭法（口の中の異物を指でかき出す）等を行ってはいけない。

Q12　A型肝炎は、A型肝炎ウイルスに汚染された飲料水あるいは野菜や果物、魚介類を食べることによって感染し、血液を介しては感染しない。

Q13　MRSAの細菌は、皮膚や鼻、気道の粘膜から感染する。

Q14　介護職に、腰痛やストレスなど身体的・精神的な健康障害が起こった場合、これらは職場全体の問題として対応することが望ましい。

Q15　介護職に多い腰痛の予防策として、骨格や筋肉の機能や特性を捉えたボディメカニクスを活用し、負担を少なくすることがあげられる。

解　答

A 1 ×（第1節「1　介護環境の特徴」）
　訪問介護員等は、住環境とともに、近隣との関係や地域住民としてのルールが守られているかについても視野に入れることが大切です。

A 2 ○（第1節「1　介護環境の特徴」）
　各職種が連携し、利用者の個別ニーズに沿った介護サービスを提供します。

A 3 ○（第1節「2　介護の専門性」）
　このため介護職には、介護技術の習得など、常に自己研鑽が求められます。

A 4 ×（第1節「2　介護の専門性」）
　利用者の「その人らしさ」を理解するには、趣味や嗜好、価値観や生活習慣までを含めて介護に反映させていきます。

A 5 ×（第1節「3　介護に関わる職種」）
　社会福祉士と介護福祉士は、「社会福祉士及び介護福祉士法」によって制度化されています。

A 6 ×（第2節「1　介護職の職業倫理」）
　介護福祉士は、「業務独占」ではなく、「名称独占」の資格です。

A 7 ○（第2節「1　介護職の職業倫理」）
　「社会福祉士及び介護福祉士法」の第46条で規定されています。

A 8 ○（第3節「1　介護における安全の確保」）
　危険の予知もリスクマネジメントの一部であり、施設や事業所での組織的な対応が必要です。

A 9 ○（第3節「2　事故予防、安全対策」）
　「ヒヤリ・ハット」を事例として収集し、対策を講じていくことが重要です。

A10 ×（第3節「2　事故予防、安全対策」）
　苦情があった場合、事故予防のための積極的な情報としてサービスの質の向上につなげることが必要です。

A11 ×（第3節「3　緊急時に必要な知識と対応方法」）
　介護職は万一の事故に備えて、緊急時に必要な対応方法を習得しておくことが必要です。

A12 ○（第3節「4　感染症対策」）
　A型肝炎ウイルスに汚染された飲料水あるいは野菜や果物、魚介類を食べることによって感染します。

A13 ○（第3節「4　感染症対策」）
　設問のとおり。

A14 ○（第4節「1　介護職の心身の健康管理」）
　介護職の心身の健康管理は、セルフケアだけでは困難だと感じたら、管理者に相談するなど、職場環境の改善につなげましょう。

A15 ○（第4節「1　介護職の心身の健康管理」）

　ボディメカニクスを介護に活用することにより、利用者だけでなく、介護者自身の負担を少なくできます。

索引

執筆者一覧（50音順）

石橋 智昭　第1章第1節2
（公財）ダイヤ高齢社会研究財団研究部長

小川 孔美　第2章第1節5・6
埼玉県立大学保健医療福祉学部社会福祉子ども学科准教授

香取　幹　第3章第3節1・2
㈱やさしい手　代表取締役社長

是枝 祥子　第2章第1節2、第3章第1節1・2・3、第3章第2節1
大妻女子大学名誉教授

佐藤 富士子　第2章第2節1・2
元大妻女子大学人間関係学部人間福祉学科教授

嶌末 憲子　第3章第4節1
埼玉県立大学保健医療福祉学部社会福祉子ども学科准教授

鈴木 眞理子　第2章第1節1・3・4
社会福祉法人奉優会理事

竹田 幸司　第3章第3節3
田園調布学園大学人間福祉学部社会福祉学科准教授

北條 憲一　第1章第1節1、第3章第5節1
（公財）介護労働安定センター　事務局長

山中 健次郎　第3章第3節4
山中内科・リウマチ科クリニック院長

介護職員初任者研修テキスト　第1分冊
理念と基本

発行日	平成30年3月初版発行
	令和元年10月第2刷
	令和4年3月第3刷
	令和5年8月第4刷
	令和6年3月改訂版発行
定　価	1,100円（本体価格 1,000円＋税）

発　行　公益財団法人　介護労働安定センター
　　　　〒116-0002　東京都荒川区荒川7-50-9　センターまちや5階
　　　　TEL　03-5901-3090　　FAX　03-5901-3042
　　　　https://www.kaigo-center.or.jp

ISBN978-4-907035-56-3　C3036　￥1000E

12401